Reconciliation

「天國國民教育」書系

Reconciliation

「天國國民教育」書系

「天國國民教育」書系

廢掉冤仇 尋求和睦

天國子民 復和的信仰踐行

馮兆成、劉進圖、陳家富、袁天佑、戴耀廷、雷競業、郭鴻標、馮煒文、黃國維、潘信超、伍渭文、張寶珠、陳競存著

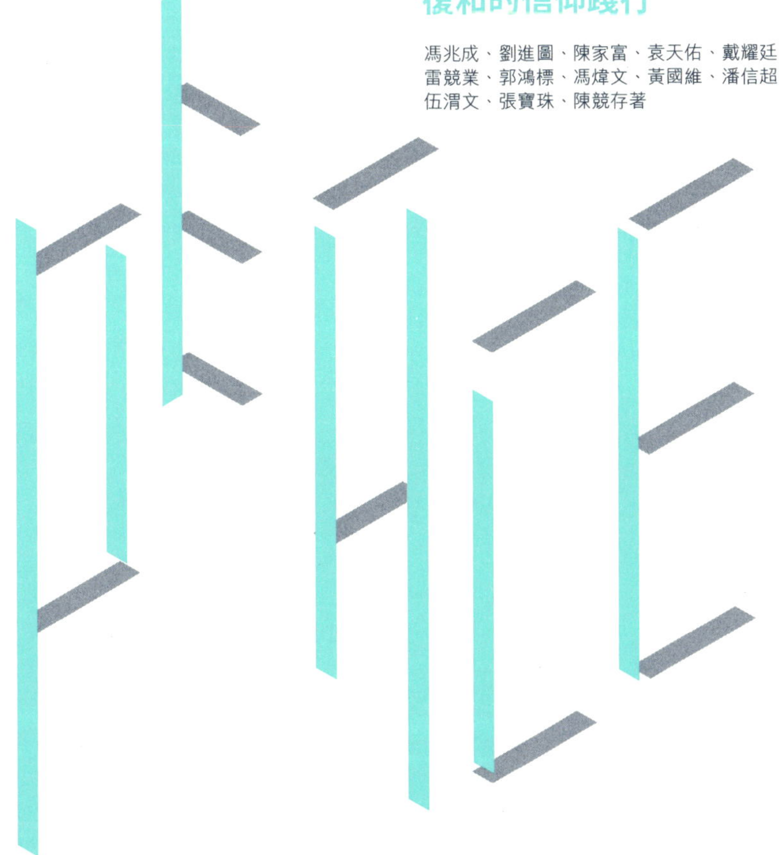

廢掉冤仇．尋求和睦——天國子民復和的信仰踐行

作者／馮兆成、劉進圖、陳家富、袁天佑、戴耀廷、雷競業、郭鴻標、馮煒文、
黃國維、潘信超、伍渭文、張寶珠、陳競存
策劃編輯／呂瑋宗
責任編輯／史曉晴、伍詠慈
美術設計／奇文雲海
出版發行／突破出版社
香港沙田亞公角山路 33 號突破青年村
電話：2632 0000　傳真：2632 0388
電郵：breakthrough@breakthrough.org.hk
網址：http://www.breakthrough.org.hk
http://www.btproduct.com
承印／海洋印務
2016 年 7 月初版 1 刷

Reconciliation

by Siu-Sing Fung, Kevin Chun-To Lau, Keith Ka-Fu Chan, Tin-Yau Yuen, Benny Yiu-Ting Tai, Kin-Yip Louie, Benedict H. B. Kwok, Raymond Wai-Man Fung, Bernard Wong, Dickson Shun-Chiu Poon, Andrew Wai-Man Ng, Groenvold Po-Chu, King Chan
First Printing, First Edition, July 2016

Printed in Hong Kong
ISBN 978-988-8392-10-0

歡迎加入突破書籍 Facebook page – http://www.facebook.com/btbooks.page

本書採用環保油墨印刷

社 會 文 化

目 錄

圍牆上的裂縫 —— 復和理論

牆下的和平使者 —— 信徒踐行

牆角的房子 —— 教會論

牆上的一縷光

「天國國民教育 4」導言

突破出版社

你們從前遠離神的人，如今卻在基督耶穌裏，靠着祂的血，已經得親近了。因祂使我們和睦，將兩下合而為一，拆毀了中間隔斷的牆，而且以自己的身體廢掉冤仇，就是那記在律法上的規條，為要將兩下藉着自己造成一個新人，如此便成就了和睦。既在十字架上滅了冤仇，便藉這十字架，使兩下歸為一體，與神和好了（弗 2：13-16）。

踏入 2016 年，香港就經歷了如進入「探險屋」或「過山車」一般的情緒：荒謬、擔憂、驚愕、興奮、疑惑、憤怒、不解……面對不可測的世事情事，愈來愈不安的社會，深信無人可以獨善其身。官民間的高牆，地上的磚碎，市民心中的沉重鬱悶，總是揮之不去。

面對不可知的城市未來，「天國國民教育 4」以〈以弗所書〉2 章 13 至 16 節為核心思考，鋪陳天國子民如何實踐職分：延伸誰是我的鄰舍，尋問天國子民在地上的職責。

我們邀請了作者就復和理論、信徒踐行及教會實踐三個層面，從基督使神人復和的救恩，探問今日作為信徒，在這個紛亂社會，如何移去隔斷的牆，履行和平之子的使命。文章理論與實踐兼備，除了釋經、神學論述、哲學法理，還有簡易可行的踐行建議，盼望讀者跳出框框，從多角度和面向，思考及腳踏實地應用有關課題。

由於篇幅與編修時間的限制，本書收納的文章未必展示所有討論，我們旨在作為起頭，邀請讀者一同思考、延伸、踐行天國子民的身分，透過閱讀經歷一場心靈教育。

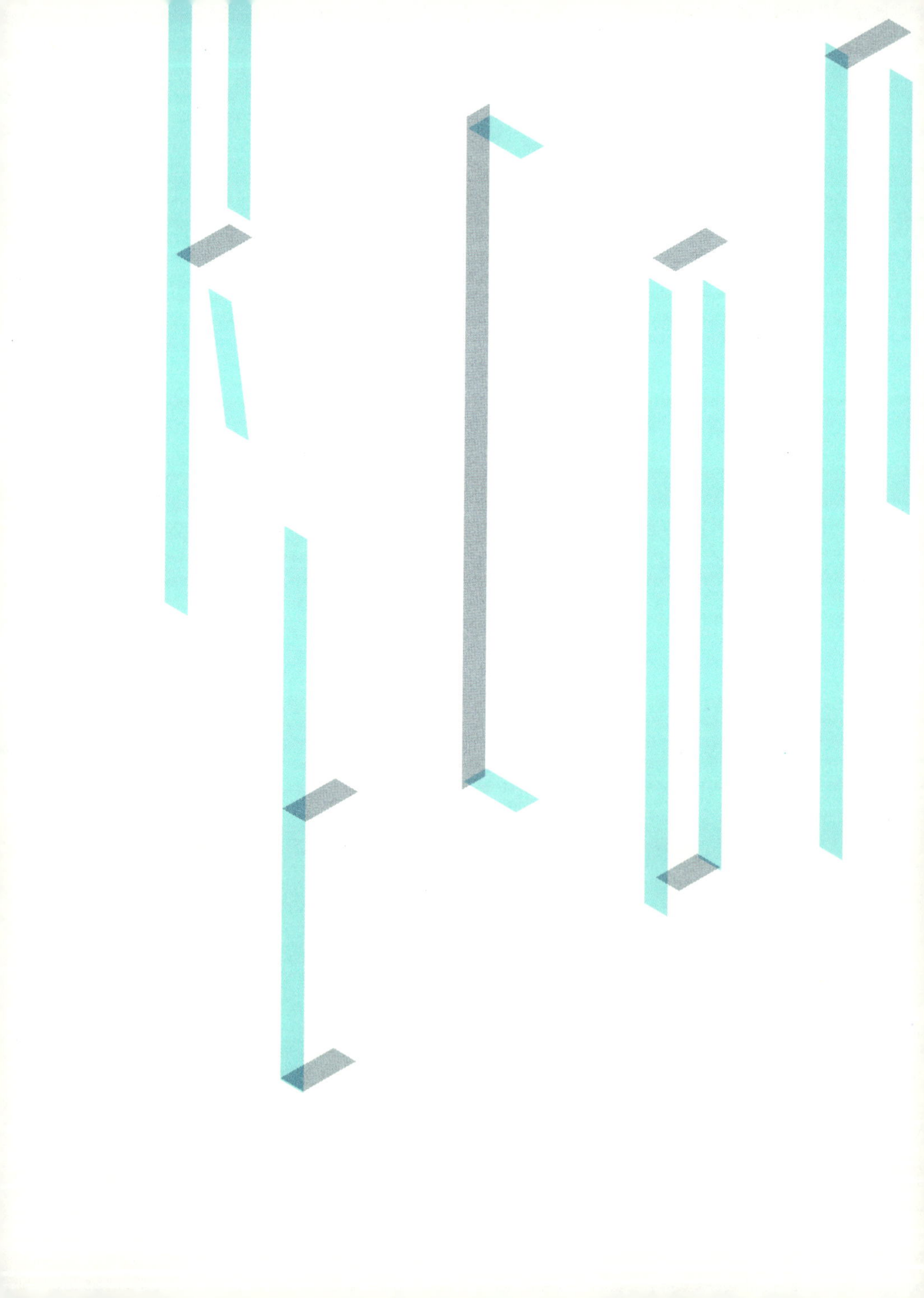

圍牆上的裂縫

—— 復和理論

參悟〈以弗所書〉，在阻力中實現和平願景

馮兆成

〈以弗所書〉2 章 13 至 16 節：「你們從前遠離神的人、如今卻在基督耶穌裏、靠着祂的血、已經得親近了。因祂使我們和睦、將兩下合而為一、拆毀了中間隔斷的牆；而且以自己的身體廢掉冤仇、就是那記在律法上的規條，為要將兩下藉着自己造成一個新人、如此便成就了和睦。既在十字架上滅了冤仇、便藉這十字架、使兩下歸為一體、與神和好了。」

人間仇怨眾多，是不爭的事實。無論回望歷史或環視周圍，從人際到社羣到族羣到國家到國際，處處皆可看見或聽見從衝突到仇恨到暴力甚至戰爭的事，帶來人世間無數的傷害與悲哀。每年的聖誕、新年，都有人祈願世界和平，這是人類心底的渴慕，卻也深深感到這願望好像太過遙不可及。

作為天國子民，眼前現實是一回事，總得把神的心意放在首位。本書的主題經文〈以弗所書〉2 章 13 至 16 節，清楚表明耶穌

基督怎樣藉十字架廢掉冤仇，成就和睦；而在2章17節和6章15節的新漢語譯本和環球聖經譯本分別翻譯為「和平的福音」（這也符合原文的意思），顯示福音的內容就是和平（peace），這便是天國子民要傳揚和見證的內涵。本文期盼進一步了解〈以弗所書〉對「和平」的演繹——和平是否真的沒有可能呢？也探索在現實生活中，信徒應當如何把這「和平」的願景在各種阻力中實現出來。

和平救贖大計，首先在教會實現

〈以弗所書〉1章9至10節，保羅提到神把「祂旨意的奧秘」給信徒顯明，這指向神在基督裏所定的救贖計劃，就是**「當所安排的時候滿了，就使天上的、地上的、一切所有的，都同歸於基督，以祂為首」（1：10，新漢語譯本）。**這是神在永恆裏救贖的方向與目標，意味着現時受造界的萬物（包括天上的「靈界」、地上的、一切所有的），正處於一種失序、混亂與叛逆的狀態中，但當時候滿足，神會在基督裏重新恢復受造界的秩序，使萬有都歸服於基督，並尊基督為首。到那日，一切恩怨情仇都要成為過去，真正的和平將會實現，不過這是神的作為，而不是人自己可以成就的。

這樣，在神這個建構和平的救贖大計中，人有什麼角色呢？回到核心經文〈以弗所書〉2 章 13 至 16 節，耶穌藉着十架，拆毀了猶太人和外邦人之間阻隔的牆，打破了因律法所帶來兩者之間的隔膜，廢掉冤仇，成就和平；更重要的，是神使雙方在基督裏創造成為一個新人，一個身體（2：15-16，新漢語譯本），就是基督的教會（3：6；4：4, 12），並尊基督為首（5：23-24）。神在基督裏使人與祂復和，也使人際間得以復和。在神的教會中，種族與仇恨的隔膜都被廢掉，各人可以藉着基督靠着聖靈一同在敬拜中來到神的面前（2：18）。換句話說，神的和平救贖大計，藉着耶穌救贖之恩的成就，首先在教會中實現出來。今日，我們可看見有巴勒斯坦信徒和猶太信徒，或在美國有黑人信徒與白人信徒在教會一起同心敬拜上主，這幅圖畫是多麼的美，感謝神！

續看2章17節，提到耶穌基督傳和平的福音給遠處的人，也給近處的人。前者應指外邦人，後者指猶太人。問題是，耶穌何曾傳和平的福音給外邦人和猶太人呢？這應該是指耶穌於十架上死亡。按〈以弗所書〉2章14至16節所述，和平的基礎是十架，但耶穌復活至升天之間，《聖經》並沒有記載耶穌曾向外邦人傳福音。所以，最合理的解釋是復活了的耶穌，藉聖靈透過使徒和先知，向外邦人和猶太人傳揚和平的福音，讓兩者在基督裏得以同為後嗣、同為一體、同蒙應許（3：5-6）。如是，神在基督裏所成就的和平救贖，便是透過新約的使徒與先知傳講及見證，把和平的福音延展開去，讓更多人得以進入神所創造的和平羣體（教會）中。這和平福音的預備，也成為教會信徒的屬靈軍裝其中一款裝備（6：15）。

因此，神在基督裏的和平救贖大計首先在教會中實現，然後藉着教會及信徒傳講與見證和平的福音，把更多人納入教會這和平的羣體中，神的救贖大計便這樣延展開去。事實上，在〈以弗所書〉裏，教會扮演着一個非常重要和榮耀的角色（1：22；3：10, 21；5：25-27, 32 等），因教會乃神實現祂和平救贖大計的器皿。直至時候滿足，神會在基督裏重建萬有的秩序，使萬有都歸服基督，並尊基督為首（1：10）。成為並開拓與神與人和平的羣體，這是神交付給教會及信徒的使命。

抗衡讓人神疏離的三大阻力

這樣，我們便明白〈以弗所書〉4 至 6 章，當論及信徒該如何生活時，保羅劈頭就説信徒行事為人當與所蒙的呼召相稱，就是使人在基督裏與神與人和好的使命，隨之囑咐信徒要用愛與和平彼此聯絡，竭力保守聖靈所賜的合一（4：2-3）。隨後的七個「一」

（4：4-6）顯明教會在基督裏本來就是合一的，教會的任務是要守住這份「合一」，並把這份「合一」活現出來，成為和平福音的見證。因此，信徒要按神所給的恩賜彼此配搭，在愛和真理中建立教會，並在連於基督下成長，活出基督的豐盛（4：7-16）。

〈以弗所書〉餘下的教導，乃針對2章1至3節所展現的三股力量——現今世界的潮流（2：2，新漢語譯本）、靈界的惡勢力、肉體的私慾。這三股力量使人陷在罪惡過犯中，進入屬靈死亡的狀態，從而產生與神與人甚至與自己各個層面的疏離。因此，教會與信徒要實踐和平福音的使命，便得與這三股力量抗衡。4章17節至5章2節，主要針對舊人的私慾與邪情，包括苦毒、惱恨、嚷鬧等，勸導信徒要活出新人的樣式，謹慎言行，在基督羣體裏恩慈相待、彼此饒恕、效法神的愛；5章3至21節，主要針對怎樣在黑暗的世代中不跟從世人放縱和犯罪的生活方式，要活像光明之子、像智慧的人，辨識主的旨意，接受聖靈管治；5章

22 節至 6 章 9 節，教導信徒如何在家庭的處境中活出尊主基督為首，並相互尊重與負責的生活；6 章 10 至 20 節則針對靈界惡勢力，作出有關屬靈爭戰的教導，並以祈禱承托和平福音的宣講與見證。

如是，〈以弗所書〉繪畫出神和平救贖的大圖畫，在歷史中開展。神藉基督的十架廢掉冤仇、成就和睦，創造新人類——教會使教會成為和平的羣體，並受神所託繼續開拓這和平羣體的任務。〈以弗所書〉也教導教會與信徒當怎樣克服各種攔阻的力量，以配合神和平救贖的心意。

這樣，我們可以怎樣在今天充滿紛爭的處境中，實踐這和平福音的使命呢？以下提出幾點比較具體的建議。

趁冤仇漩渦形成前，出手抑制

一般而言，仇恨始於敵視，就是視對方為敵人，對自己構成威脅。這敵視容易扭曲了對對方的觀感，只看到對方的不是，而忽略對方的優點或貢獻，更甚把對方醜化或妖魔化。那時，就有千萬理由對對方進行暴力攻擊（言語、身體、財物……）。暴力既成，會構成傷害，使對方身心受損，繼而容易惹來還擊或報復，反傷害原先加害人的一方，引發更大暴力的還擊。仇恨的漩渦一旦形成，敵對雙方的陷溺會愈來愈深，暴力不斷升級。要滅掉冤仇，尋求和睦，便得在漩渦形成的某一點，作出抑制或轉化。

〈以弗所書〉展示耶穌基督以十架廢掉冤仇，就是神主動以愛與恕打破人在罪中與祂之間的敵對與隔膜，啟動復和，從而帶動人與人之間在仇恨中的復和。今日，信徒要與人（無論信主的或未信的）尋求和睦，這份愛與恕也是必不可少的。所以，保羅勸勉信徒「要仁慈相待，心存憐憫，彼此饒恕，正如神在基督裏饒恕了你們一樣……要效法神。要在愛中行事，就如基督愛我們，為我們捨己」(4：32-5：2，新漢語譯本)。

其次，信徒須認定自己在基督裏新人的身分，並蒙召作和平福音的使者(2：14-17；3：5-10；4：1-3；6：15)。這身分的確認，使我們不再需要突顯與別人的差異及貶抑別人來肯定自己的價值，反之願意跟不同於我們的人建立和好的關係，從排拒轉為包容，以基督和平的福音邀請人進入這和平的羣體。

還有，信徒不能再以自我優越的眼光看待別人。保羅在2章1至3節指出猶太人和外邦人本質上都為「可怒之子」，前者並不比後者優勝；2章8至9節指出所有信徒都只是蒙受恩典，沒有可誇。當我們看見自己本質上都是罪人，不比別人優越時，就不再那麼容易把別人醜化或妖魔化而居於自義，也更能夠以謙虛、溫柔、忍耐的眼光看待別人(4:2),保持對別人的尊重。

此外,信徒當追求接受聖靈的管治,作光明的兒女和智慧的人,察驗主所喜悅的事,謹慎行事,而不放縱私慾或心存苦毒,訴諸情緒對人對事作出過激的反應(4:22, 30-31;5:8-10, 15-18)。當我們不再被一己情緒所操控,才能更清晰地尋求和作出更合神心意的回應。

最後,〈以弗所書〉從屬靈爭戰的角度提醒我們,眼前的敵人並不一定是終極的敵人,除了外在罪惡道德文化所帶來的衝擊外,三股力量也包括靈界的惡勢力,甚至自己的私慾,因此需要常在神面前自我省察。爭戰的方式不是倚靠各種暴力;反之,屬靈軍裝的裝備重點在於活出信仰的內涵,包括和平福音的預備(6:15,環球聖經譯本),並藉着禱告去運用(6:18-20),倚靠神的大能大力(6:10)。

不用暴力，活出信仰作爭戰

撰此文時，適值巴基斯坦又發生針對基督徒，在復活節慶祝活動期間的自殺式恐襲，造成多人傷亡，究竟人間因暴力而來的悲痛何時才會止息呢？這也成了天國子民是否真心相信和平福音的一大考驗。基督徒面對不斷升級的暴力，能否堅持以善勝惡、以愛勝恨、以饒恕勝報復的理念，並以祈禱交託給那按公義審判人的主呢？求主幫助我們仍然相信，有一天，神和平救贖的計劃將會完全實現；那時，萬有都在基督裏要重建秩序，並尊基督為首，阿們。

馮兆成，中國宣道神學院院長，任教新約科、
基督教倫理學和教牧科。

面對仇敵和惡人的神學傳統與變化

劉進圖

〈馬太福音〉5章38至39節：「你們聽見有話說：『以眼還眼，以牙還牙。』只是我告訴你們，不要與惡人作對。有人打你的右臉，連左臉也轉過來由他打。」

〈馬太福音〉5章43至44節：「你們聽見有話說：『當愛你的鄰舍，恨你的仇敵。』只是我告訴你們，要愛你們的仇敵，為那逼迫你們的禱告。」

登山寶訓中有關愛仇敵和不對抗惡人的教導，由初期教會開始，二千年來信徒從解釋到應用都頗有爭議，對於今天香港的基督徒來說，這個教導又有什麼時代意義呢？關心香港政局發展的基督徒，不時都有這個疑問。德國神學家潘霍華（Dietrich Bonhoeffer）的觀點，以及他在納粹統治及二次大戰時的經歷，都有助我們思考這個課題。

自初期教會的神學沿革

對初期教會的猶太信徒來說，惡人是逼害他們的猶太會堂和羅馬政權。「不對抗」的字面意思，就是遷徙避難或下獄殉道；而「愛仇敵」的字面意思，就是為逼迫者禱告，以善報惡，用愛感化仇敵及世人。

耶魯大學新約學博士葉約翰（John Y. H. Yieh）認為，這不單忠於耶穌的言教身教，亦包含處世智慧，避免無謂犧牲（詳見*Sermon on the Mount: New Coventant and History of Effects*，中譯《〈山上寶訓〉新解：新盟約＋效應史》）。香港神學院聖經科專任講師張祥志博士則認為，這是以主動的行為突顯對方的不義，作為對不義的控訴，與舊約《聖經》教導的「對等公義」（Retributive Justice）並無矛盾，耶穌並非要廢去律法的公平準則。

靈修作家畢德生牧師（Eugene Peterson）解釋，這是「第三條路」（*The Jesus Way*，中譯《耶穌的道路》）。這條寧願犧牲自己，也不用暴力抵抗惡人的路，有別於猶太社會的兩條主流道路：一條是順服羅馬君主和分封王希律，像大祭司該亞法那樣與權力來源充分合作，換取有限度自治及繁榮安定；另一條是參與愛國熱血人士組成的奮鋭黨，策動羣眾革命，謀求推翻殖民統治重建猶太國。

到了基督信仰成為羅馬國教後，不對抗惡人產生實際問題，教會如何看待政權使用暴力？司法刑罰還可用〈羅馬書〉13 章的賞善罰惡論支撐，戰爭卻找不到明確授權，奧古斯丁（Aurelius Augustinus）的「公義戰爭」理論，成為天主教會的主流思想。

改教運動時期，馬丁路德（Martin Luther）提出「兩個國度」理論：教會這一「國度」，要愛仇敵不抵抗惡人以實現慈愛；國家的那一「國度」，則可對內對外行使權力以維持公義。兩個「國度」都有上帝授權，就像上帝的左手和右手。這個理論，表面上兼顧了基督教國家既要遵行耶穌的倫理標準，又要顧及維持政權有效運作的現實。

傳統理論備受質疑的 20 世紀

不論是「公義戰爭」抑或「兩個國度」，到了 20 世紀都備受質疑，從理論到實踐都變得困難重重。

斯托得牧師（John Stott）對「公義戰爭」這傳統的理解，包括三條基本準則：一是動武的原因必須是正義的，屬防衛性而非侵略性，是為了維護公義與人權；二是所用武力必須是有限度的，意思是具針對性而非濫殺無辜，以及具相稱性而非過分殺傷；三是結果是可預期的，有合理勝算而非盲目犧牲（參*Issues Facing*

Christians Today，中譯《當代基督教與社會》）。斯托得認為，現代武器發展令相稱武力變得迹近不可能，濫殺無辜幾乎無可避免，公義戰爭愈來愈難以成立，核武生武化武尤其如此。

法國社會學家兼神學家依路（Jacques Ellul）在*Violence*一書中指出，享負盛名的德國神學家巴特（Karl Barth）只認同一條戰爭原則，即一切維持和平的努力都失敗後，為了避免國家滅亡，一個國家可把戰爭作為最後選擇。依路批評説，把戰爭選項留到最後，未必是以武止戰的明智做法，英法俄諸國如在希特拉（Adolf Hitler）和墨索里尼（Benito Mussolini）未站穩陣腳時介入，反而有可能避過世界大戰。他認為，暴力無分合法非法公義不義，都屬於「必要之惡」，既不需亦不能以基督教義來合理化暴力。

依路的質疑不無道理，聯合國太遲介入中非和巴爾幹半島的種族衝突，釀成慘絕人寰的種族滅絕罪行，廣為世人詬病。

然而，正義戰爭理論（或稱為武力衝突中的公義原則）仍有其必要性。否則，像北約空襲炸毀無國界醫生院舍，或關塔那摩（Guantanamo）基地的美軍以酷刑訊問戰俘，在反恐的大旗下便可橫行無忌，審訊國際戰爭罪行會失去道德和神學基礎。

至於不抵抗惡人這教訓，斯托得牧師的詮譯承接傳統，較為照顧實際需要。他把不抵抗惡人解釋為不報復，不以惡還惡，但可以抵抗，像耶穌質疑大祭司或保羅當面對抗彼得。他不接受「兩個國度」論，認為剝奪了基督對世界的主權，但他接受信徒若作為政府人員，有責任履行公權力，包括警察用武力執法，法官判罪犯坐牢，以及軍人在正義戰爭中殺敵。

為了避免令人誤會基督徒總是無條件支持政權，包括壓迫人民的獨裁者。他特地指出，政權若賞善罰惡，就是上帝的僕人（〈羅馬書〉13 章）；若濫害無辜，就是撒但的惡獸（〈啟示錄〉13

章）（參*Christian Counter-Culture: The Message of the Sermon on the Mount*，中譯《基督教文化的挑戰：登山寶訓精研》）。

由擁護和平主義，到當雙重間諜

德國神學家潘霍華在《追隨基督》（*The Cost of Discipleship*，中文另譯《門徒的代價》）一書中，大力批判馬丁路德的「兩個國度」論。

他指出，一個基督徒可以同時是父親、教會牧師、政府人員，擁有多重身分，遭遇暴力時則無法區別應按哪一個「國度」的法則行事，而且基督是全地的主，並非只是教會的主。他知道，登山寶訓不可能作為世俗社會的倫理準則，亦承認地上國家團體有必要以暴力對抗暴力來維護己命，以免上帝保存和延續世界的慈命落空，但他仍堅持追隨基督的一眾門徒，必須恪守愛仇敵和不對抗惡人的教導，這是追隨基督者特有的權利和義務。

潘霍華説：「克服邪惡的唯一方法，乃是聽任其自然止息，使它找不到所盼望的抵抗。因為抵抗只能產生更大的邪惡，有如火上添油而已」。「基督徒甘願放棄自衛，就表明他絕對依附耶穌」。「門徒受到不義所攻擊，這種事實更使他絕不該抵抗，乃只可讓其得逞，並藉着容忍惡人以將邪惡克服過來。甘心受苦是強過邪惡的，因為這等於是置邪惡於死地」。「十架是不抵抗教訓唯一的證明。因為唯有十架才能燃起勝過邪惡的信心，使人可以遵守那種教訓。也唯有這樣的順服，才得着分享基督徹底勝利與痛苦的應許。基督所受的苦，表明上帝的愛勝過了邪惡的權勢，因此這是基督徒順從的唯一根基」（參《追隨基督》第 124-127 頁）。

潘霍華對耶穌不抵抗惡人的教訓如此理解，跟斯托得相比是「去得好盡」，接近完全的和平主義者，我們難免會問，這看法會否不切實際？並且，我們該如何理解潘霍華從近乎絕對和平主義，千方百計逃避參軍，到主動參與地下運動，當雙重間諜，支持暗殺希特拉？這與他原來的基督徒倫理觀沒有牴觸嗎？他後來是否改變了立場？

和平主義者的刺殺

對於任何情況下都不抵抗可能不切現實，反招無謂犧牲，潘霍華是明白的，他不是隨便犧牲自己的人。1941 年 6 月，當法國投降，德國洗脱一次世界大戰失敗恥辱時，潘霍華和摯友艾伯格（Eberhard Bethge）剛好在普魯士東部（今立陶宛）一個海濱小鎮，鎮上擁護納粹的青年狂歡慶祝，國民都以向元首致敬手勢表達祝賀，艾伯格遲疑不願向希特拉致敬，潘霍華卻主動做，並提醒他勿為這小事惹起蓋世太保（Geheime Staatspolizei）懷疑以致壞了大事。

艾伯格事後回想，潘霍華應該在那時已下定決心，參與尋求推翻希特拉的地下運動。潘霍華並不懼怕犧牲，如果他確信是上帝的旨意，他願意付出生命，這從他放棄在美國避難，主動在戰爭爆發前，坐最後一班船回德國便可以看見。一個不怕死並矢志追隨基督人，的確有條件談愛仇敵和不抵抗。

研究潘霍華的年輕學者建道神學院神學系助理教授李文耀在《為他者的存有：潘霍華的教會——倫理觀》一書中，駁斥香港中文大學通識教育部講師李駿康的觀點，指沒有確切證據證明潘霍華的確參與暗殺希特拉的計劃，嘗試為潘霍華開脱（參《為他者的存有》，第 276 頁）。我很欣賞李文耀的嘗試，但我相信潘霍華確實有參與，最主要的理由是梅塔薩斯（Eric Metaxas）寫的潘霍華傳記《潘霍華》（*Bonhoeffer: Pastor, Martyr, Prophet, Spy*）提供了可信的證據。書中第 387 頁記載，潘霍華寫了一個很長的備忘錄給英國政府高層，游説邱吉爾（Winston Churchill）支持德國的反納粹地下運動，同意在德國戰敗後善待反納粹人士，讓他們把德國重建為基督教國家，並指若缺乏盟軍明確支持，會令參與運動的人更難策動政變推翻希特拉。

第 388 頁更說，1941 年 9 月，在姐夫杜南毅（Hans von Dohnányi）家中，他明確表示如有需要他願意殺死希特拉，但他要先脫離認信教會，以免事敗牽連他人（詳見Eric Metaxas, *Bonhoeffer: Pastor, Martyr, Prophet, Spy*）。

為什麼會同意暗殺希特拉？

這本傳記和艾伯格寫的*Dietrich Bonhoeffer A Biography*（中譯《潘霍華傳》）基調相同，艾伯格把潘霍華對納粹政權的態度分為五個階段，第一和第二階段，是知悉有人謀反並且默許；第三階段是積極配合推翻希特拉政權；入獄後的兩個階段，是隱瞞計謀和接受命運(詳見第 11 及 12 章)。

潘霍華為什麼會同意暗殺希特拉?我們需要明白,潘霍華的倫理觀,並不是一套抽象的放諸四海而皆準的固定準則,而是尋求並絕對服從上帝的旨意。他很可能認為刺殺希特拉符合神的旨意,他在書信中曾留下線索,指若有人看到一個瘋子開車輾斃許多無辜途人,是否該抓住(或卡住)車的輪子以阻止更多人遇害?

他亦可能認為,這事沒有違背神的旨意,但不能確知神是否屬意由他們來做,因此不知道會否成功,屬於人的自由判斷,基督徒只能本着良知作出最佳的判斷,然後交由上帝審判對錯,藉賴耶穌基督的恩典憑信心而活。無論是哪一種情況,都是極不尋常的,是目睹極端邪惡覆蓋所有抉擇,千百萬人無辜死亡的絕境下的非常舉措,否則一個篤信愛仇敵和不抵抗惡人的學者,不可能走到這一步。

我們必須明白，30 年代末的德國基督徒，處於怎樣抉擇都避不開巨大邪惡的極端兩難處境。以被召入伍當兵為例，潘霍華在芬根瓦（Finkenwalde）地下神學院的學生，大部分被徵召入伍。拒絕應召服兵役是死罪，會被通緝和處決；應召上戰場也多數戰死，還要屠殺大量無辜的敵方平民或戰俘。

基督徒若「潔身自愛」，聽由希特拉前進勝利，將意味忠於基督的認信教會被消滅，以及歐洲全體猶太人被滅絕；為了結束戰爭和屠殺，冒險去推翻希特拉政權，則意味德國將戰敗，任由英法美俄列強宰割。潘霍華的抉擇，是在這樣的處境下作出的，而且他從不慫恿自己的學生參與地下運動或拒服兵役，而是要求他們尋求和坦然接受神的召命，包括戰死沙場。

潘霍華的思想和特殊處境

在 1944 年 7 月 21 日，潘霍華在獄中得悉行刺希特拉的行動失敗，他和許多參與了暗殺計劃的親人和好友將被處決，一切希望似乎都失去了，而他寫信給摯友艾伯格說：「這就我說的現世之意義：即負起生命的一切責任與困難、成功與失敗、一切經驗與無可奈何之事。就在這樣的生命中，我們才把自己無條件地交在上帝手裏，參與祂在世上的苦難，與基督在客西馬尼園一同儆醒……因此我感激並滿意於我的過去和現在」（參*Letters and Papers from Prison*，中譯《獄中書簡》）。

艾伯格當時沒有想到，潘霍華怎麼會對「現在」感激和滿意，多年後才明白，因為暗殺行動向世人表明了，他和同道者是站在被迫害的一方，毋須再背負協助施暴者的罪咎（參*Dietrich Bonhoeffer: The Life of a Modern Martyr*）。今天，如果有香港信徒嘗試以「潘霍華也參與地下運動刺殺希特拉」，來支持基督徒在社會運動中使用暴力，恐怕是根本不理解潘霍華思想和他的特殊處境。

回應戰爭和制度暴力的神學課程

潘霍華如何裝備他的神學生，面對納粹政權帶來的殘酷戰爭，以及無處不在的制度暴力？

他在 1935 至 1937 年，在芬根瓦地下神學院設計了一套獨特的神學課程和集體生活模式，要求過去只懂神學教義和理性釋經的神學生，每天早上花 30 分鐘時間，按指定章節默想《聖經》。多數是〈詩篇〉的經文，花一整個星期來默想同一小段經文，而週末則集體進行默想，彼此分享心得。羣體生活方面，潘霍華要求他們嚴守紀律，每天在固定時間祈禱、唱詩敬拜，彼此認罪，相互代求。到了黃昏，則有自由的娛樂時間，例如打乒乓球、彈琴、合唱、到海濱暢泳或散步等，週末則到附近村莊去宣講和服侍。

被徵召服役的神學生，後來在戰場上寫信給潘霍華，感謝他讓〈詩篇〉經文「印在他們心上」，成為戰場上最重要的禱告之憑據與動力。弟兄之間永不止息的相互記念，成為他們最大的安慰和盼望。

當地下神學院被蓋世太保封掉之後，潘霍華放下一切雜務，用幾個星期時間寫成了《團契生活》（*Life Together*）一書，總結芬根瓦的經驗，並視之為戰後德國教會復興的依據。對潘霍華來說，面對邪惡暴力的世界，信徒個人最重要的任務是忠誠地追隨基督，而信徒羣體最重要的任務就是在神話語的基礎上，活出彼此相愛、服事他人的生命。

《團契生活》一書影響了許多人，包括泰澤（Taizé）發起人羅哲弟兄（Brother Roger）。他和幾個決心追隨基督過修道生活的弟兄在法國荒郊一起生活，每天進行三次禱告，又差派修院弟兄去不同國家，與最貧窮的人一起生活。這個羣體獲得天主教、基督教、東正教的共同尊敬，促成了跨宗教的靈修和對話，也成為了國際青年運動的重要基地。每年，都有大量年輕人去泰澤「朝聖」，尋求心靈的提升與超越。

盼望神學，鼓舞全球被逼迫者

潘霍華的《獄中書簡》深深影響了比他年輕的、當了三年戰俘的德國神學家莫特曼（Jürgen Moltmann），「唯有受苦的上帝能夠幫助」，開啟了莫特曼的「盼望神學」，鼓舞了全球千千萬萬在暴力逼迫下受苦的人。

莫特曼指出，當神的兒子在十字架上，經歷被祂的天父棄絕、承受垂死的痛苦時，與聖子心靈相連的天父，也經歷了真實而強烈的痛苦，就是看着兒子受苦至死的痛楚。因此，上帝並不是沒有人類情感，不會痛不會受苦的神，而是能夠與一切受苦之人認同的神。並且，基督復活的事實，以及祂會再來使一切死人復活，並使受造萬物更新的應許，讓一切在苦難中的人，看到戰勝死亡更新世界秩序的盼望，因而不甘於屈服受壓迫的現狀，因而有信心和勇氣尋求改變現狀。

至於如何改變現狀？莫特曼比較推崇馬丁路德金（Martin Luther King, Jr.）的非暴力公民抗命，依路和盧雲神父（Henri Nouwen）亦然。潘霍華也推崇非暴力公民抗命，他很仰慕印度聖雄甘地（Gandhi），曾託人請求甘地讓他到印度「取經」，後來因戰爭爆發才無法成行。當然，潘霍華處身的時代太過極端，「甘地式抗命」無法應用，相信只會全部被納粹政權關進集中營。但到了戰後的和平年代，在一些有基本民主或法治制度的國家，這種抗命模式卻大派用場，是典型的不抵抗惡人，但公然反對惡政與暴力的行為。

不誇耀暴力，有勇氣走十字架道路

60 年代歐洲，依路處於火紅的革命年代，打着反帝反殖反資旗幟的羣眾革命席捲亞洲、非洲和拉丁美洲，不少基督徒和天主教徒，基於同情窮苦基層或憧憬共產主義大同世界，加入了革命洪流，但依路目睹被壓迫者一旦掌權執政，便倒過來用暴力對付從前的建制人士，而許多同情羣眾運動的基督徒，竟然選擇性反對暴力，例如對法國殖民政府鎮壓阿爾及利亞革命軍口誅筆伐，對革命軍迫害殘殺少數民族和法國僑民卻視若無睹，令依路對以暴易暴徹底失望死心，走向無政府主義和絕對和平論，但他高度評價馬丁路德金以非暴力運動對抗種族暴力，並以身殉道。

60年代美國，盧雲神父目睹中南美洲人民受軍事獨裁政權迫害，而這些軍閥竟然獲得美國政府支持，以阻遏蘇聯共產陣營介入中南美，他也加入馬丁路德金領導的公民抗命遊行隊伍，從美國塞爾瑪（Selma）步行至阿拉巴馬州首府，數年後又出席了他的喪禮，與黑人民眾一起送棺材至墓地；他又看到核軍備競賽倒掉扶貧資源，越戰犧牲大量無辜生命，這一切都逼他離開耶魯哈佛的學術象牙塔，尋求與破碎者同行，最終把他引向黎明之家，在那裏照顧嚴重智障人士達10年之久。盧雲神父的《和平路上》（*The Road To Peace*）披露了他如何結合個人靈性操練與投身和平運動，他相信祈禱和自省不是和平運動的熱身準備或事後反思，而是締造和平最重要的行動本身。

既不依附強權，也不以暴易暴

總結而言，耶穌基督的道路，既不是依附強權默許制度暴力之路，也不是流血革命以暴易暴之路，耶穌的路是以受苦犧牲的愛，達成真正和平與公義的路。從第1世紀到現在，無數追隨耶穌的信徒走上了這條十字架道路，被嘲笑、侮辱、傷害，甚至被迫付出生命，走這條路需要莫大的勇氣，需要無條件的付出與犧牲。

在每一個時代，都有基督徒基於自衛、戰爭或革命而不得不使用暴力，但就算是在這些極端和例外的情況裏，信徒仍然被要求面對耶穌基督的吩咐，仍然需要為自己的政治現實抉擇，是否及如何符合信仰召命，真誠尋求上帝的旨意，包括尋求上帝的赦免與恩典，而非誇耀或鼓吹暴力。

劉進圖，《明報》前總編輯，現為世華網絡營運總裁。

以「神聖暴力」取代「神話暴力」——從本雅明思路探索法與暴力

陳家富

「奉公守法」被視為公民的道德常項，因此，違法往往被視為難以接受的行為。但是，更值得追問的問題是：為何要守法？暫且先不談論如何對待惡法的問題，究竟基於什麼原因我們須守法？或者，法律究竟如何對我們產生某種制約的力量？這種制約力量是否無條件？還是有限度？除此之外，什麼是「暴力」？我們都反對暴力，但當我們反對暴力時，究竟我們又在反對什麼？

我們很輕易被肢體動作去壟斷對暴力的理解，正如社會學家齊澤克（Slavoj Žižek）指出，有些時候，什麼都不做反而更暴力！倘若，我們將法和暴力一併思考，便更複雜。以下，便以德國哲學家本雅明（Walter Benjamin，又譯班雅明）的思路，以學術手法，從哲理法學觀點梳理法和暴力的問題。

法律的出現和維持，與暴力有關

首先，我們要處理「法」的問題。按照常理來說，法律是正當和合理的，而法的出現和維持是需要某種力量驅動，故此暴力是必要的。這種可稱為立法和護法的暴力。但是，設立法律的暴力應該是「一次性」的，不可重複和再出現，因為如果這種立法和護法的暴力不斷延續下去，就違背了法的良善本意。弔詭的是，若要維持法，暴力就要為維持自己所創的法制，當中所存在的某種超然性，去訴諸一直在場的權威根源，透過不朽的絕對主權，以確保自己力量穩固。

故此，暴力就不可避免陷入悖論之中。也就是說，暴力不是被另一種暴力所淩駕或取消，而是被自己所設立的東西所破壞，本雅明將這種暴力邏輯稱為「神話暴力」（mythic violence）。

本雅明指出，「神話暴力」具有立法和護法的雙重功能。歷史，就是立法暴力與護法暴力的興衰更替。「權力的運用能產生巨大作用，憲法便可見一斑。在這個領域，神話時代所有戰事結束後，確立邊界的『和平』任務，是所有立法暴力的首要現象。由此，我們可極清楚地看到，立法暴力要保證的是權力，而不是豐厚的財產……即使勝利者已經獲得至高無上的權力，敵手仍然可得到其權益。而且，這些權益具有含混至極的『平等性』，因為對於簽約雙方來說，它是不可僭越的同一條『分界線』。於是，法律就出現了原始形式的、不可『違反』之神話歧義性……」

在此，本雅明的意思是，「神話暴力」具有立法和護法的雙重功能，以「確立邊界」為體現。在現代國家中，「神話暴力」的精神以獨裁統治作為邏輯局限，以警察功能作為顯現形式。二者體現的，都是法律命令的「恆常性」，而非目的之「公正性」。「神話暴力」的精神，不僅局限在獨裁統治中，甚至連民主國家也可見。

警察所代表的警權，就是立法和護法雙重功能的具體展示，法的暴力與警權，是一致地無所不在。這便顯示出，神話力量具「無邊界性」，無界限的權力是「神話暴力」的表現。

尋求更高權威，打破法和暴力的相伴關係

因此，本雅明便指出，法並非正義的彰顯，反而是暴力的揭示。一方面，法律與暴力相伴而生，法律的起源存在於暴力之中，法律之目的不是為維護正義，而是為了維護法律本身。

另一方面，法律與暴力又相互依存，法律壟斷、保護，甚至促成暴力的出現。歷史上，暴力手段通常是和法律聯繫在一起的。由此可見，本雅明認為法律無法實現正義，只能擴展暴力行為。因此，倘若法的制定和維持靠賴暴力，而法又不指向正義時，則會永遠陷於自身暴力循環之中。我們是否有方法，將法從

自身的暴力邏輯中解放出來？也就是說，為了終止或結束「神話暴力」及其法律根基，掙脱立法與護法的無限惡性循環，便需要一種所謂「更高的」權威出現，來打破封閉的邏輯。本雅明試圖通過建構一種新的暴力形式——「神聖暴力」(divine violence)——來取代「神話暴力」。

本雅明將「神聖暴力」定性為一種「純粹手段」，是人類至高無上的純粹暴力之展現。之所以説「神聖暴力」是種「純粹手段」，首先它非指這是上帝的暴力，或把上帝視作暴力的執行者，而是理解它為一種純粹絕對的力量，屬於「非暴力」的暴力。其次，「純粹」是指不帶有任何目的，擺脱了「手段——目的」的線性邏輯，因而超越現存的法律體系。

「神話暴力」與「神聖暴力」的區別，不在於使用多少或範圍多大的暴力。以「神聖暴力」取代「神話暴力」，也不是為了消除暴力的本身。二者之間最根本的對立，在於「神話暴力」的任務是立法，而「神聖暴力」的任務是要摧毀法律。「神聖暴力」要中止「神話暴力」，使其停頓下來，這標示着一種危機即將出現，以及全部法律秩序將會進行激變。

重建法律「正義與真理」的顯現形式

本雅明在「神聖暴力」概念中，將猶太教的彌賽亞觀念與世俗的法律領域，以及司法範疇聯繫起來。故此，「神聖暴力」不僅標示着「例外狀態」（state of exception）的形式，還標示着「總審判」的形式，或如意大利哲學家阿甘本（Giorgio Agamben）所說，「在例外狀態中作出審判的形式」。

「神聖暴力」最重要的意義，在於標示一種危機和現存法律秩序的顛覆。其最根本的特徵，是體現在它與法律的特定關係之中。按照一些猶太學者的解釋，猶太教的律法書起初是由一些雜亂無章的字母組成，只包含潛在的意義。也就是說「法律的原初形式並不是一個有意義的命題，而是一種無所欲求的聖訓」。

換言之，彌賽亞時代的法律，應該是一種「無效力的存在」，是一種以上帝面目出現的律法書狀態。只有在我們當前所處的「例外狀態」——一個法被懸置的狀態中，法律才得以顯現自身。在其中，無論民主力量還是集權力量，都會陷入合法性危機之中。如阿甘本指出，法仍然存在和有效，但卻無意義。本雅明的「神聖暴力」，不僅要恢復「有所要求」和「禁戒」的法律，更是像原初律法書一樣，成為無意義但卻有效力的法律。

本雅明早在 1916 年的〈論語言本身與人的語言〉（*On Language as Such and on the Language of Man*）中，就通過重新闡釋〈創世記〉，描述了一種先於主體世界本身，及人與世界關係的圖景。在當中，法律並沒有墮落至用「完全功利」和效用的立場去對待世界，它仍然以一種平等、和諧、整一的「正義與真理」形式顯現。本雅明的「神聖暴力」，正是要打破法律的功利主義運用，去重建「正義——暴力——救贖」的神學關係新模型，將猶太教的法律和歷史概念的邏輯，應用於普遍的政治領域。

發揮救贖力量，行使「不流血」的暴力

本雅明的「神聖暴力」，力圖使純粹生命去擺脱法律和命運的束縛，這體現了對政治秩序中個體價值的尊重，但本雅明並未止於此，而是進一步將「神聖暴力」描述成一種「不流血」的暴力。對於本雅明而言，立根於希臘文化背景的「神話暴力」，與猶太教彌賽亞律法傳統「神聖暴力」之間的分別，在於用不同的「血意象」作為表徵：殘暴的「神話暴力」是流血的，「是為暴力而暴力，對待純粹生命的血腥力量」；而猶太神學則建立在不流血的懲罰基礎

上，「是為生者的緣故而針對所有生命的純粹力量」。「神聖暴力」的目標是摧毀現存法律體系，但卻不必通過流血手段。雖然它對法律制度是致命的，但對個體生命並非如此。

「『神話暴力』帶來罪與罰，但神的力量則只是救贖；前者是恐嚇，後者是打擊；前者是血腥，後者則是沒有血迹的誅滅。」本雅明以利未人的故事為例，指上帝的審判雖然打擊了享有特權的利未人，但滅絕的同時又救贖了他們，「在這種暴力不見血迹和救贖的特點之間，存在着非常深刻的聯繫，這是確定無誤的，因為血液是純粹生命的象徵。」

「神聖暴力」的力量，在於拒絕法律與宿命的革命性，它超越自然法和實證法，而根源於正義之中。現存法律體系中，無論是在其立法還是護法功能的本質上，都在使用暴力。因此，在歷史上的「緊急狀態」(state of emergency)事件之中，例如面對納粹德國「極度的惡」，必須重新思考暴力「非法律」的正義根基。為了將真正的正義概念建立在決斷的自由基礎上，便必須拒絕所有「法律」。

世俗的「緊急狀態」，只不過是「神話暴力」的變種，並不能進行救贖，必須通過「神聖暴力」，去建立對抗所有特定政治體系的單一道德權威，以建構普遍性的正義。故此，最根本的前提是，現存政治體系並不具備合法性，是出於對權力的追逐、拒絕真理，為逐利而使用掠奪式暴力，從而加強自己的力量，並令控制別人的團體可不斷繁殖。因此，本雅明的《歷史哲學論綱》（*Theses on the Philosophy of History*）第八節中所說真正的「緊急狀態」，可以理解為，為了破除法西斯「緊急狀態」下復辟的「神話暴力」，而訴諸於彌賽亞救贖的一線生機。

福音，能取替法律對生命的管治力量

本雅明沒有做的工作，卻由阿甘本完成，他將保羅文本解讀為彌賽亞對歷史時間的決斷。彌賽亞時間展現為「終結的時間」而非「時間的終結」，懸置一切法的劃界性功能，使之進入「失效」（incoperative）狀態。對阿甘本而言，福音正是對法律的效用進行切割，從內部而非外部去終止法的力量，使之失效。但阿甘本似乎沒有再回到暴力的問題上，因為最終解決政治法律的力量，並非在於攻擊它，而是在於把它懸置，終止它一切「線性目的論」邏輯，將人的狀態釋放，重回「潛能狀態」。也就是說，要終極取消法對人類生命的管治。因此，革命性的暴力不在於透過手段——目的為旨趣，而是在於它在自身的「否定性」中爆發，繼而失去影響人類生命的效力。

回到原初的問題，倘若以上的分析是正確的，問題就不在於法守不守法。或者我們應該記得，歷史上人類最暴力罪行並非不守法，最恐怖的是以法來進行暴力行動。因為在後者而言，犯法犯罪再不是討論一個人作了什麼的事情（在戒嚴期間，尋常地在街上逛也是犯罪行為），而是將人排除在法之外，讓人無法獲得「法的身分」，繼而以法來「取消」其生命。所以，大家應該更深入地認識法與政治主權的關係，從而思考如何在此關係中「逃脱」。

陳家富，香港浸會大學宗教及哲學系講師。

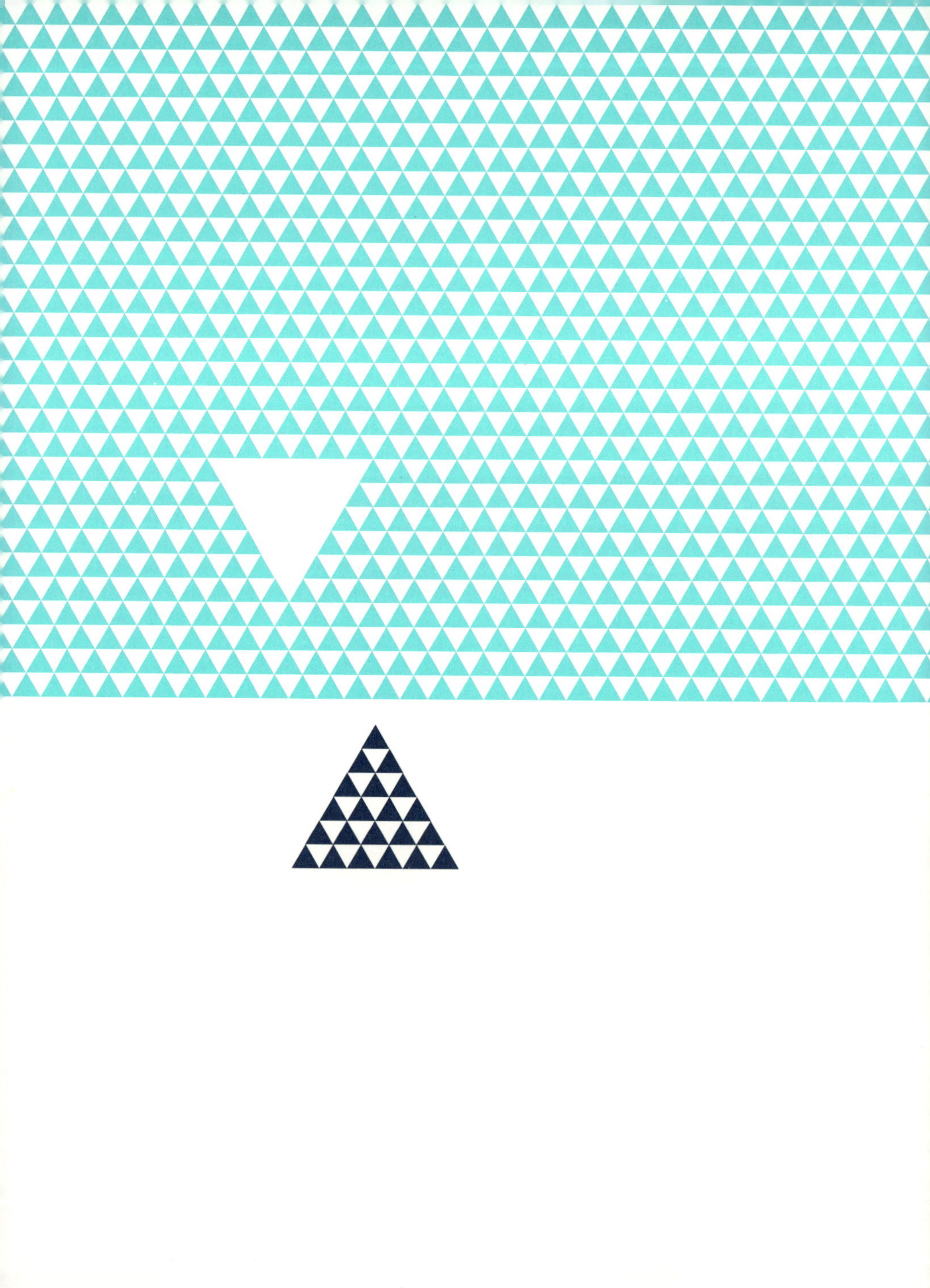

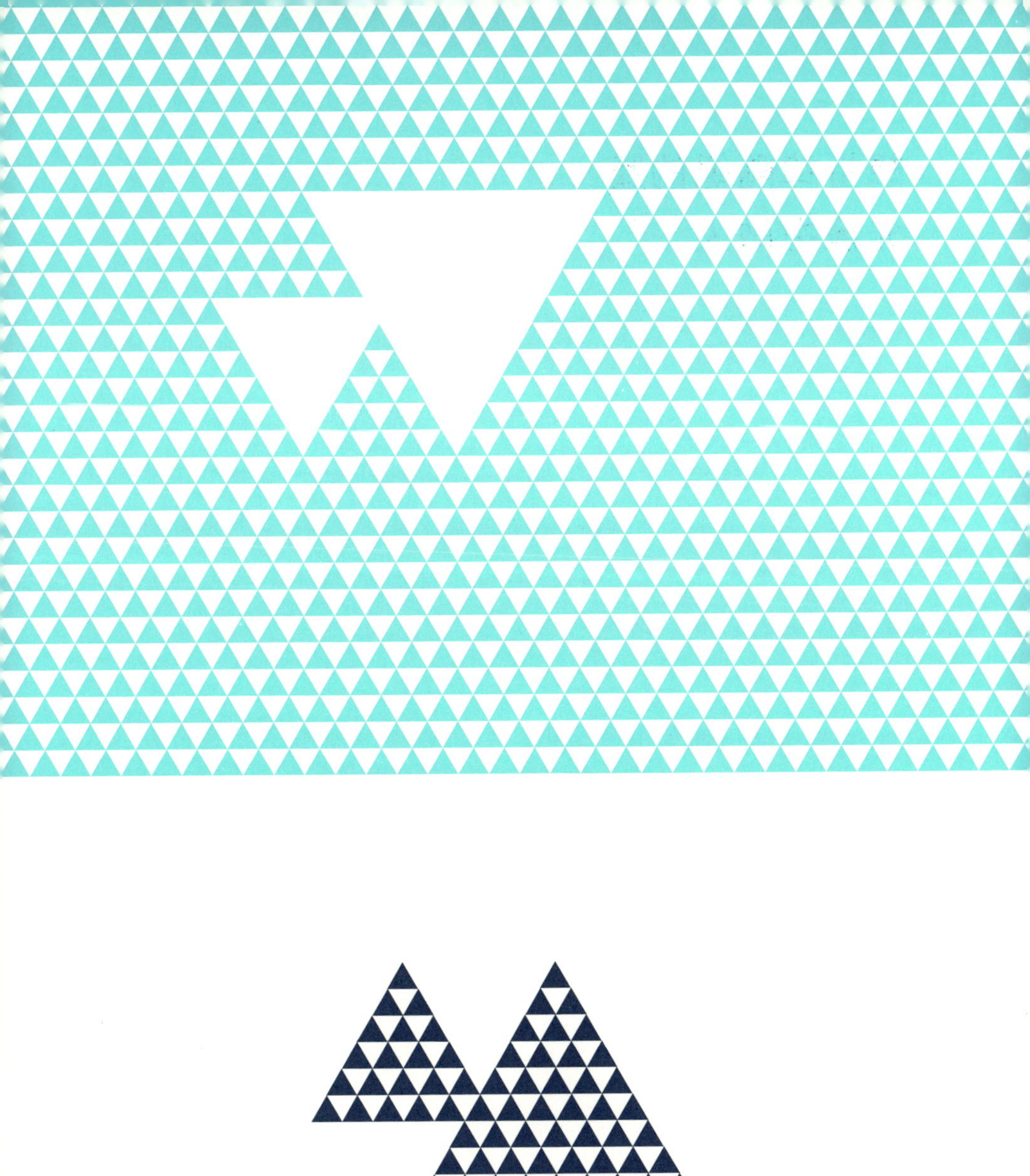

想拆掉隔絕的牆，先擁抱敵人

袁天佑

因着不同緣故，人與人之間建立了敵對和仇恨，也建立了很多將雙方隔絕的牆：有低牆，也有高牆；有的容易拆去，也有的難於拆除；有些只存在於兩個人中間，有些則存在於不同國家民族之間，也有些建造在社會之中。

人因犯罪，離棄上帝，與上帝為敵；但上帝對人的愛，使祂沒有放棄人類，甚至差遣耶穌基督來到世上，為世人而死。「因為我們作仇敵的時候，且藉着神兒子的死，得與神和好；既已和好，就更要因祂的生得救了」（羅 5：10）。藉着耶穌的死，人能與上帝和好。不單如此，「因祂使我們和睦，將兩下合而為一，拆毀了中間隔斷的牆；而且以自己的身體廢掉冤仇」（弗 2：14）。信徒效法耶穌基督，學習以愛待人，愛自己也愛仇敵，因而可除掉仇恨的牆。

恩怨交纏，拆牆殊不容易

但在現實生活中，人不容易實踐這道理，有些是個人原因，有些卻牽涉很多人和事。就以香港這兩年所發生的事為例，政府與市民，以及警察與市民之間的仇恨愈來愈深，把大家分隔的牆愈來愈高，而政府與市民之間的對立更被稱為高牆與雞蛋。

近年，政府施政多與基層市民的期望相違。年多前因政制爭議釀成雨傘運動，金鐘政府總部附近地方被佔領 79 天，期間發生不少衝擊。然而，政府繼續其強硬施政，將警民關係放在對立之中。警方不但拘捕在「佔領」期間衝擊警方的人士，甚或有法官指出，有些個案中警方的口供有疑點；同時，對於「七警」涉嫌在暗角私下毆打被捕人士、警司被指隨意揮動警棍驅打途人等案件，則分別延遲了近一年多才落案起訴和調查，市民將這一切不公不義的事，都放在眼裏。

2016年大年初二凌晨在旺角發生的警民衝突，其實是市民對政府的不公作出的反彈。政府本可藉此機會，成立獨立調查委員會，了解是次衝突發生的近因遠因，進而改進施政，政府卻一意孤行，將是次衝突定性為暴亂，拘捕多人，控以嚴重的暴亂罪，期望達阻嚇作用。結果，引起市民更大的不忿。若要修和官民或警民之間的關係，當權者在施政方面必須回應市民的期望，公平公義地執法，達至法治公義的精神。可惜，政府並沒有循這方向改進。

年初二的事件後，我多次被邀請在一些信徒論壇中談論非暴力及修和的事，聽到不少聽眾內心對政府及警察的不滿。基督徒的反應尚且如此大，更不難想像其他人士的反應。後來，立法會財委會通過高鐵超支撥款，不少人士，包括基督徒，在網上以粗口表達內心的不忿。我心中同樣不忿，幾乎在他們的回應上按「like」，只是靜下來反思，粗口或憤怒也是一種暴力，暴力能建立社會的和諧嗎？

「受害者」心態

在家庭輔導的過程中，常會遇到以下例子：夫婦二人相處 20 多年，經常吵架。女的投訴男的不愛她，只是利用她來建立一個家，20 多年來從沒有對她好，只有她附從對方，男的卻從無聽自己説話；男的則投訴女的事事罵自己，侮辱他無能，生活中已經常常遷就她，但對方還投訴自己不聽話。簡單如二人之間的仇恨尚且不容易破解，更何況是社會事件。主要的原因，或者是人心裏懷着「受害者」心態。

有人覺得別人傷害了自己，是對方的錯。若要寬恕對方，除非對方先向自己道歉、悔過、賠償，甚或受到懲罰，但這並不是建立和睦的方法。或者，他覺得這一切都是對方應做和應得的，內心卻沒有修和，甚至仍充滿對對方的仇恨，常常念記對方的錯。更大的問題是，很多時候傷害是雙方的，受傷者不知自己也同時傷害了對方。

耶穌曾說：「因為你們怎樣論斷人，也必怎樣被論斷；你們用什麼量器量給人，也必用什麼量器量給你們。為什麼看見你弟兄眼中有刺，卻不想自己眼中有樑木呢」（太 7：2-3）？耶穌的意思，除了要反思自己的錯外，更要知道論斷別人的錯時所用的準則，其實論斷人者也同樣干犯相同錯誤。所以，要雙方和睦，必須「要彼此認罪」（雅 5：16）。

擁抱神學：受害者悔改、擁抱敵人

在今日撕裂的社會中，談及修和這課題時都會提及神學家沃弗（Miroslav Volf）所講的「擁抱神學」。沃弗是克羅地亞人，當他看到上世紀90年代，塞爾維亞與克羅地亞的衝突帶來的種族屠殺，他的老師莫特曼（Jürgen Moltmann）問他能否寬恕殺害自己同胞的加害者，他回答說：「不，我不能，但作為基督徒，我想，我應該能這樣做。」

他所寫的《擁抱神學》（*Exclusion and Embrace*），內容很豐富，幫助我們明白怎樣寬恕傷害我們的人。其中一點很重要的，是他指出受害者需要悔改，並且學懂擁抱敵人。受害者要悔改什麼？簡單來說，就是那顆復仇的心。今日，我們感到受傷害，力量微薄，待一天有力量時，便要討回公道。其實，那時候我們可能會成為另一個傷害和欺壓他人的人。受害者若不悔改，便會與傷害我們的人犯下相同的罪。冤仇，帶來冤冤相報的循環。復仇的心往往不會傷害別人，反而是綑鎖着自己的心。

擁抱和寬恕敵人的決心，不是要等待敵人悔改道歉後才出現的。耶穌曾說：「你在祭壇上獻禮物的時候，若想起有弟兄對你懷怨，就要把禮物留在壇前，先跟弟兄和好，然後來獻禮物」（太5：23）。就算真的是對方對自己不好，也不是先等待對方悔改道歉後才給他擁抱和寬恕。當然，願意擁抱和寬恕敵人，不等於敵人必定悔改。這正如上帝透過耶穌愛我們，擁抱我們，並不先於我們悔改行義，而是我們仍不是清白無辜的時候；甚至上帝愛的行動，也不是人人都會接受。

受害，當然要尋求公義和真理，但沃弗指出，唯有在愛，在擁抱、在饒恕中，才能追求公義和真理。「擁抱的決心要優先於任何有關他人的『真理』，以及任何對其『公義』的解釋。這份決心絕對是一視同仁又永不改變的；它超越了把社會世界（social world）分成『善』與『惡』的道德定位」（參《擁抱神學》，頁75）。

沒法忘記冤仇，或會妖魔化仇人

受害者的心態，往往會視自己為「善」、為「義」；傷害他的人便是「惡」和「不義」。更有甚者，當我們沒法忘記冤仇時，也會妖魔化對方，在描述時「加鹽加醋」，因為冤仇將自己的心眼蒙蔽了，將他人眼中的刺看成樑木。要尋求公義和真理，便要放下仇恨這心魔。

若能放下冤仇，夫婦就不會說出「20多年都沒有愛過我！」這類說話。但放下冤仇，這有可能嗎？在一次有關暴力的研討會中，有人問我：「參政的高官是否都是說謊話呢？」不單如此，不少市民更稱警務人員為「黑警」。高官中有庸官，警察也有黑警，但並不是個個高官或警察都是一樣的。不少政府官員忠誠地執行職務和推行政策，問題只是制度不公義；但怎樣才算是公義的制度？人人或者都有不同的看法。放下仇恨，才能讓我們放下自定的公義，好好聆聽他人的觀點。

就年初二在旺角所發生的事，我與一些學者一同聯署，要求有獨立公正的調查。目的不是要某位官員下台，而是盼望政府在知悉市民的需要後改善施政。如果目的是要某某下台致歉，深信調查也只會是偏頗不公。

信徒要有擁抱的決心，作饒恕的功課

沃氏指出要有擁抱敵人的決心，才可尋找到公義和真理。但他亦指出：「在社會情境下，沒有擁抱他者的決心，真理和公義就不可得到。但我還要立刻接着主張，擁抱本身(完全的和好)在闡明真理、伸張公義之前，不會發生」(參《擁抱神學》，頁75)。

他將「擁抱的決心」和「擁抱」的行動分開，表明建立和睦並不是一件易事。政府與市民要建立和睦，若其中一方只是控訴對方的不是，和睦是不可能成就的。而且，若政府寸步不讓，根本難以突破高牆。但是作為基督徒，讓我們先存着「擁抱的決心」。或許，能幫助我們操練擁抱與饒恕功課的，是先將人與事分開思考。人可能行惡，但我們不一定要定性他為邪惡的人。就正如我們可指斥暴力，但我們仍愛行暴力的人，因為他仍是上帝所造和所愛的人。

完稿時，台灣發生了四歲女童小燈泡被精神病患者割頸喪命不幸之事。她的父母家人必然心傷，但她的母親在靈堂上寫上貼文，其中幾句：「我希望踏進這裏的你們，能收起仇恨，我從來都不認為仇恨、責備能解決問題……我真的希望這個房間裏可以悲傷、可以感動、可以懷念，但不要批評、不要仇恨、不要憤怒……」這幾句話正好表達出我們可以憎恨兇殘暴力，但不會憎恨人，這也是耶穌所說的「愛你們的仇敵」的意思。這幾句話很難寫出來，也很難做得到，但是每一個想建立和睦的人都要學習的。

袁天佑，循道衛理聯合教會前會長。

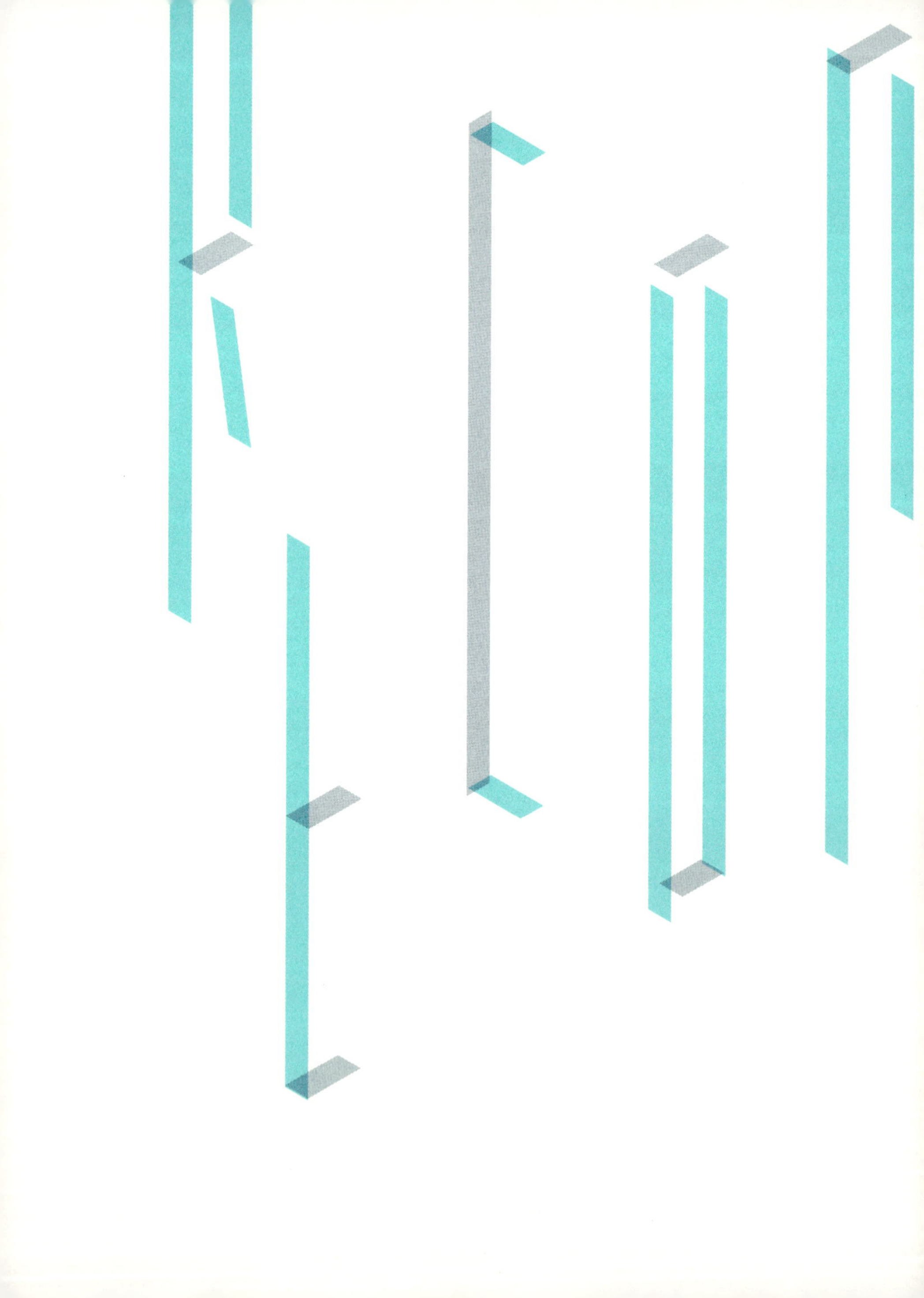

牆下的和平使者

——信徒踐行

「另類」和平使者自白，論登山寶訓啟示

戴耀廷

近幾年，香港社會分化，撕裂日益嚴重。不少人都對前景感到悲觀。香港現在出現的各種社會衝突，究其根源，從「佔領」與「雨傘」至今，在香港所發生的爭議，相信可看到有五個原因：

分析社會撕裂的五大原因

第一方面，是出於錯誤資訊而引起的誤解。一些反對「佔領」的人相信了一些傳言，以為那些推動「佔領」的人是受外國反華勢力所鼓動，而不相信他們只是為了爭取香港能有真普選而進行公民抗命。要解決這類衝突相對簡單，只要把錯誤資訊糾正過來，就應可減少因誤會而引發的紛爭。

第二方面，是在人與人之間的關係中，因情感衝突而引起的紛爭。家中有參與「佔領」的子女與不認同「佔領」的父母，雙方

都因沒有細心聆聽大家立場背後的想法，以及感受對方內心的情緒，而覺得對方不尊重自己，由口舌上的爭拗，惡化為情緒化的衝突。要解決這類衝突並不容易，因需要雙方重建一定程度的互信，一步步先把激動的情緒平復，讓大家感到自己受對方尊重，才能透過坦誠對話，明白大家背後的真正想法和感受。

第三方面，是由利益衝突而引起的紛爭。要改變現行的小圈子選舉，必會觸動既得利益羣體的利益，故他們不會輕易接受改變。現行不公平的選舉制度，長期把大多數人排除於外，損害他們的政治權利，令他們對現行制度日益不滿。要解決這類衝突就更困難，在處理好上述兩類衝突後，還要設法找出能兼顧雙方利益的方案，達成共贏的結果。由於這類紛爭是因利益衝突所引起，只要解決方案能使各方得益，還是有望化解。

第四方面，是因價值系統的衝突而引起的制度紛爭。香港是否真的需要民主普選？什麼才是民主普選？是否要在2017年就實行普選？爭取民主普選是否就可以不守法？有了民主普選是否就可以有公義的社會？人們對這些問題有不同答案，因而出現的衝突涉及各人不同的價值觀，差異性更會在經濟、社會及政治制度的設計上反映出來。要化解這類紛爭，困難非常大，即使大家能平心靜氣地坐下來商談，還要各方都願意妥協，在不同甚至有衝突的價值觀中，尋求最大程度的共識，並能有序地把現行的制度逐步改變過來，以兼顧大家的信念，才有望把衝突減少至可容忍的程度。

第五方面，是有些人為了保護他現有的利益，或是為了把自己的利益最大化，基於策略考慮而着意挑起紛爭。現今政權的一些做法，的確令人覺得當政者要在香港社會刻意挑起紛爭，以強化威權，以及增加自己的權勢能延續下去的機會。這種人不是因資訊錯誤而有誤解，或因不被尊重而情感受傷害，或因利益受威脅但仍想尋求共贏的方案，或因價值觀不同但仍願尋求共識，而是為了衝突而衝突。對於這類紛爭，若不能制止那些着意挑起紛爭的人，任其繼續利用紛爭滿足一己慾望，化解紛爭將近乎不可能。

歸根究底，社會內人與人之間的紛爭，是源自人的自私與自我，但要化解紛爭，並不需要人變得完全的無私與犧牲自我，但起碼要願意放下一點兒自我，嘗試以較長遠及超越自己的角度思考問題。愈是複雜及深層的紛爭，因涉及的人愈多、牽涉愈深，人要超越即時及個人的需要，就變得更困難了。

既作橋樑，又難免成為紛爭一方

基督徒應如何面對社會內由不同原因引起的紛爭呢？耶穌基督在登山寶訓中談到八福，而其中第七福是「締造和平的人有福了！因為他們必稱為神的兒子」（太5：9，和合本修訂版）。耶穌基督要我們做的，就是要在這紛爭的社會中締造和平。但什麼是和平呢？如何才能締造和平呢？

和平並不只是人與人之間表面有着和睦的關係，或是生活看來穩定，而是人與人之間，即使利益或價值觀有所不同，仍可以相互尊重大家是平等，及享有人類尊嚴。這種尊重並不止於口舌上，更要體現在生活中。但要有這樣質素的和平，就必須建立起公義的制度，使社會內最弱勢的人，如孤寡、貧窮及寄居的，都能受到保護，不會因生命上碰到不幸而繼續受害，能與其他人一樣有尊嚴地過生活。

這種和平，是有公義的和平，不能只見於基督徒的羣體中。故基督徒要締造和平，不能只處理教會內的紛爭，更應從教會內的紛爭開始，在社會中見證如何能締造真正的和平。當然，要和其他信仰的人，及沒信仰的人締造和平，是十分困難，但這卻是耶穌基督給我們的使命，也是給我們的祝福。因着我們能締造和平，連別人可以看得到，我們都是神的兒女。

要做一個締造和平的人，有些人以為只是做一個能調解紛爭、處理各方衝突的第三者。當然，一個締造和平的人，很多時要扮演橋樑角色，把紛爭各方聯繫起來，並運用調解技巧，協助大家澄清錯誤的資訊，令彼此感到受尊重，平復情緒，使各人冷靜及理性地看待紛爭，幫助大家尋找共贏共利方案，並盡力引導各人踰越短期及個人的需要，為社會達成最大程度的共識。

但要締造和平，並不止於技巧，也不止於擔當一道橋樑。要在社會建立真正的和平，締造和平者有時可能無可避免要成為紛爭的一方，問題是他們以什麼心理質素面對紛爭，所要達成的終極目的是什麼，及如何看待自己的角色。

利用「一至六福」塑造和平使者

耶穌基督在登山寶訓中，第七福才談到締造和平，之前的六福都是超乎技巧，關乎對人的心理質素以至靈性的要求。但有了這六種特質，人更加蒙福，令他更適合做一個締造和平的人。

第一福是「心靈貧窮的人有福了！因為天國是他們的」（太5：3，和合本修訂版）。要做一個締造和平的人，先要知道自己是心靈貧窮。心靈貧窮是看到自己的不足，不只是物質的層面，更明白自己在認知、能力、品格及靈性上都有缺乏。若我們總是以為自己是對的，那就不可能思索自己是否有錯；或認知自己並非擁有全部真理，也就不會願意在紛爭中妥協。我們唯有先看到自己是有局限，才能接受他人也有局限，幫助他人見到相互之間的局限。天國是屬於心靈貧窮的人，因天國給了他們終極的盼望，在那裏才能得着真正的富足。

第二福是「哀慟的人有福了！因為他們必得安慰」（太5：4，和合本修訂版）。哀慟的人，不只是為了自己所承受的不幸而感哀痛，更要為其他人所承受的不幸而感哀痛。我們要感受到其他人的不幸，才會設法，及想出好方法，使人們不用再被不幸所困所害。不少人的不幸是源自社會中的不義，要使他們得安慰，就要想方法消除社會中的不義。當其他人得安慰之時，我們可得着安慰。

第三福是「謙和的人有福了！因為他們必承受土地」（太5：5，和合本修訂版）。要做謙和的人，不能只是表面對人和和氣氣，更要從內心出發，相信自己不是高人一等，包容及接納其他人即使與自己不同，能小心聆聽不同人的想法，並願意在當中尋找共同利益及共識。也要有這種心理及靈性素質，讓怒氣填胸的人或心存偏見的人，把心情平復下來，看得見自己眼中的刺，才有望化解紛爭。能存謙和的心，就可以承受地土，在紛亂的世代中能找到生存空間。

第四福是「饑渴慕義的人有福了！因為他們必得飽足」（太5：6，和合本修訂版）。這一福，與締造有公義的真正和平更有關。只有當渴慕公義的人，不滿足於廉價及表面的社會和諧，才會想方法改變不公義的社會制度，令所製造的紛爭能找到長遠化解之道，減少不義、彰顯公義。有了公義的和平，受壓迫的人不單在身體上得飽足，且心靈上也得飽足，我們也可同樣得着飽足了。

第五福是「憐憫人的人有福了！因為他們必蒙憐憫」（太5：7，和合本修訂版）。憐憫人，就是耶穌基督所說的「愛人如己」。要憐憫人，就是看到人們有需要時，提供實際及即時的幫助，以滿足其基本需要。然而，若社會中一些人的基本需要長期得不到滿足，其根本原因又是制度性的，單是向有需要者提供即時援助是不足的，因未能觸及問題根源。社會制度容讓一些人長期被一小撮既得利益者剝削，也沒途徑糾正過來。故除了「愛人如己」，向有需要者提供即時援助外，還要設法改變令人的基本需要長期得不到滿足的制度。當社會內所有人因制度改變而得着憐憫，我們也必可於這公義的制度中得益，也得着憐憫了。

第六福是**「清心的人有福了！因為他們必得見神」（太5：8，和合本修訂版）**。要成為締造和平的人，最重要的是心要清。要締造和平，不是為了自己的利益，也不是要建立自己的影響力，而是單純地理解，這是耶穌基督的吩咐。嘗試締造和平的人內心一旦摻雜了其他意圖，就不可能得到各方紛爭者信任，而得出的結果也不能帶來真正的公義與和平。但若能清心，就可見到神要在自己身上所作的事，也看到自己是與神同行。無論阻撓有多大也有信心克服，因神是必不會丟棄自己。

調解紛爭，不免受當權者迫害

可能不少締造和平的人都希望能儘量抽離紛爭，以中立的第三方身分介入，幫助各方在紛爭中弄清事實、平復情緒，尋求共贏或找出共識。在大部分情況下，這種得各方信任的第三者，能最有效地調解紛爭。但也不得不承認，即使如何努力，不斷反思內心是否還存偏見，仍是無可避免抱持一套價值觀。

要締造蘊含公義的和平，本身就包含濃厚的價值觀。締造和平的人，要成功調解不同價值觀者的紛爭，就是要各人能在某程度上超越個人短期利益，找到可讓各方長久和平共存之道，而締造和平者更要比各人早一步做到。故此，即使較認同某方的價值觀，也要自我克制，令大家都覺得你沒偏頗，才能持平地引導各人尋找最大共識。

不過，這只能針對由誤解、情感、利益甚至是價值衝突而產生的紛爭，對那些以紛爭維持權勢，或是為紛爭而紛爭的人，締造和平者所作的一切，無可避免地與他的「需要」出現嚴重衝突。這類人不常見，但很多都是擁有極大政治權力的人，甚至整個社會都被他操控。他就是透過製造紛爭來維持不公義的體制。

這也可能是為何耶穌基督在登山寶訓中，宣講了第七福的締造和平後，還有第八福：**「為義受迫害的人有福了！因為天國是他們的」（太 5：10，和合本修訂版）。**有些時候，締造和平的人在過程中，挑戰了現行社會及制度的不義。即使他們的目的只是調解紛爭以達真正的和平，但對當權者來說仍是很大的威脅，締造和平者仍是他們的「眼中釘」。面對這種情況，締造和平的人要有心理準備面對逼迫，但他們的寄望是在於那永恆的國度，因天國會給予他們終極盼望，應對一切逼迫。

難建長久和平，唯願讓人淺嚐滋味

在這紛亂的世代，無論締造和平的人如何努力，地上也不能建立起長久和真正的和平。但這不代表基督徒不需努力依從耶穌基督的吩咐，盡力讓我們用所得着的祝福，使人嚐到更多公義和平的味道；也讓其他人因我們所作的，看到我們是屬神的兒女，見證神是慈愛與公義的主。這條締造和平的路絕不好走，一生也不會走完，但只要堅持下去，深信此生是與主同行，最終能進入永恆的國度。

戴耀廷，香港大學法律學院副教授、「和平佔中」發起人。

尋求和睦，信徒要智勇雙全

雷競業

〈以弗所書〉2 章 13 至 16 節：「你們從前遠離神的人，如今卻在基督耶穌裏，靠着祂的血，已經得親近了。因祂使我們和睦，將兩下合而為一，拆毀了中間隔斷的牆；而且以自己的身體廢掉冤仇，就是那記在律法上的規條，為要將兩下藉着自己造成一個新人，如此便成就了和睦。既在十字架上滅了冤仇，便藉這十字架使兩下歸為一體，與神和好了。」

〈馬太福音〉5 章 9 節：「使人和睦的人有福了！他們必稱為神的兒子。」

「沒有人是一座孤島，
自己就是全部；
每個人都是陸地中的一片地，
是大陸的一部分。
……

任何人的死亡都是我的損失，

因為我參與在人類之中；

所以不要去問教堂的鐘聲是為誰敲打的：

那是為你敲打的[1]。」

縱有不同，大家都是人

以上是英國文豪約翰鄧恩（John Donne）的名句，他晚年成為虔誠的基督徒，這幾句話是他面對重疾時的默想，道出了〈以弗所書〉2 章 13 至 16 節的人觀：無論我們有什麼不同（種族、貧富、政治立場、性傾向等），都是人類的一部分，你是我的一部分，我也是你的一部分。為什麼我們要相信你和我之間有這種相

1. 譯自 John Donne. (org. pub. 1624), Meditation 17 from *Devotions Upon Emergent Occasions.*。原文本來不是一首詩，也沒有「教堂的」幾個字，但意思明顯是指教堂的鐘聲，哀悼死者。

連？因為你和我是上主所造，是祂的兒女，都是基督身體中的肢體，上主家中的人，都是兄弟姊妹。

鄧恩的詩提醒我們追求和睦的真正原因，不是為了息事寧人，更不是因害怕受到損害，而是要追求真正的勝利。真正的勝利是什麼？不是以勇武之力強迫對方遷就，心中充滿恨惡，而是把敵人徹底的消滅——化敵為友。為什麼這樣才是真正的勝利？因為沒有人是一座孤島。當我們的生命還有敵人，這就是生命中的缺憾。

把不滿藏於內心，最終損人害己

有時，人們想起追求和睦這口號，就聯想到軟弱的表現，其實真正的堅強和強硬的態度並沒有必然關係。讓我們以婚姻關係作例子，以暴力(身體或是語言的暴力)強迫配偶遷就並不是堅強，而是一種無情無知的表現。婚姻不是一個零和遊戲，強硬的態度往往使婚姻關係破裂，結果雙方都是輸家。一個真正堅強的人，會懂得克制自己的慾望，明白長遠關係比一時勝負重要，同時接受對方有不同的喜好（而不是只在鬥氣），既尊重對方的感受，也坦誠地向對方表達自己的偏好，在衝突中盡力找一條雙贏的出路。

我們可以從婚姻的場景跳到政治的場景。同居一個城市中的人，有點像同住在一間房子的人。政治不是一種零和遊戲，兩羣人的政治權益並不一定處於彼長此消的處境。反而，在很多情況下，政治的硬碰會帶來兩敗俱傷。追求和睦不是為了息事寧人，而是要大膽堅強地尋找雙贏局面。

有時為了尋求和睦，人們會說：「每個人少說一句吧！」也許，這能換來暫時的和睦，卻不是《聖經》中所指的真正和睦；更壞的情況是有權勢的一方高談「和諧」，實際是禁止其他人說不滿的話，或是禁止他們說出心中的盼望。把不滿藏在心內，只會日積月累。有一天，負面情緒壓不下時，人們就會做出損人害己的事；又或許他們學會麻醉自己，漸漸失去了寶貴的良心。逃避問題或粉飾太平都不是尋求和睦的行動。

讓我們從耶穌身上學習什麼是真正的尋求和睦。因為世人都犯了罪，以致世人和神之間失去和睦。耶穌如何建立神和人之間的和睦關係？不是透過忽略罪惡的現實，也不是靠苦口婆心的勸導，而是祂在十架上負上罪的代價，讓人因十字架上所彰顯的愛，察看自己罪惡的醜陋，因而悔改更生，才能有真正的和睦。這個和睦的代價沉重，主耶穌命喪十架上，罪人也要經歷死亡才能進入永生（〈羅馬書〉6章）。不過，這代價是絕對值得的，因為結果是人得到永生，神的榮耀被彰顯在宇宙中。

把十架的道理應用到政治生活中，我們不能以忽視罪惡去尋求和平，而是要正視罪惡的現實，尋求克服罪惡的權勢，社會才能有真正的和睦。如何克服罪惡？十架的例子告訴我們，愛和犧牲就是那戰勝的秘訣。

既然信徒要正視罪惡的現實，就不能做一個簡單的「維穩派」。有時會聽到「香港大體上是個公平繁榮的社會，不要因為小小的問題影響社會的和平。」問題是，社會不同階層的人各有不同的經驗。對一個中產知識分子（如筆者）而言，香港確是個相對平安之地，但我不應以自己的經驗，禁止別人説出他們所經歷的不公平和苦處。有權位的人特別容易忽視其他人所經歷的不平，然而無論他們是否同意別人的批評，盼望也起碼能以同情的心聆聽對方的苦情。面對有暴力表現的市民，不應只是單以一句抽象的「奉公守法」予以譴責，而是應聆聽他們的心路歷程。

非當權者，亦有拒絕聆聽的毛病

另一方面，拒絕聆聽不是當權者才會犯的毛病。今天的香港有個趨勢，一羣人因經歷了某方面的惡，就否定其他人所經歷的惡是真實，或是重要，彷彿只有他們才是受苦者。舉例說，大批內地旅客確嚴重干擾部分香港人的生活，本土派特別強調這方面的不公義；但另一方面，不少從內地來的新移民在香港經歷各種歧視，又有誰為他們發聲？當我們說本土時，是否也包括這批新移民，或是南亞裔的香港人？又比如說，當認為警方過去確有採用過分暴力時，我們是否也應聆聽前線警察所受的壓力？縱然我們是受害者，也沒權利忽略別人所受的傷害。

所以，真正的和睦，是要建基在雙方願意坦誠說出所經歷的傷害，同時也願意聆聽對方的困苦。假如對方不願意聽，未有尋求和睦的表現，只顧責罵，那麼我們為何、如何單方面尋求和睦？簡單而言，因為愛驅使我們這樣去做。

愛不是懦弱被動，愛使我們能作出最堅強的行為，讓我先以一個例子來說明。《甘地傳》(Gandhi)是一套我深愛的電影，[2] 其中一幕提到甘地帶領一批人到海邊的鹽場取鹽。當時，英國政府是印度的統治者，擁有鹽的專營權，換而言之，英國政府操控了印度人生活必需品的供應。為了讓印度人踏上自主獨立路的一步，甘地要奪回印度人經營鹽業的權利，呼召羣眾硬闖鹽場，但大批警察早在入口嚴陣以待。一排男人操步至警察面前，任由警棍擊打他們的頭部和身體，婦女上前扶着受傷的男士離場；第二排的男士又踏上前，讓警棍落在他們頭上。這樣，一排又一排的人，以甘願受傷的犧牲精神，無聲地高喊英國政府的暴行。甘地精

2. 於 1982 年拍攝，電影由Richard Attenborough導演，Ben Kingsley主演。曾取得 8 項奧斯卡金像獎，包括最佳電影、最佳導演、最佳男主角等。

心策劃一次又一次類似的強力指控，終於説服英國政府自願離開印度。

真正勇武：克己甘願受損不行惡

那些甘願被打而不還手的人，展示出莫大的勇氣。向天空開槍的警察不是真正的勇士，只是恐懼驅使他以武力嚇人，他所作的雖是人之常情，卻會加深仇恨；以磚頭擲警察的也不是真正的勇士，以暴還暴雖也是人之常情，但是以武力嚇人的精神，和那位開槍的警察分別不大。真正的勇武，在於有武也能克制不用，甘願自己受損也不願行惡。

唯有愛能給我們力量作真正的勇士。甘地不但愛那些支持他的人，也去愛那些打人的警察（他們大部分也是印度人）。那些警察不是惡魔，只是拿一份薪水努力養家活兒的普通人。同樣，他尊重英國的官長，他們可能對印度人的感受既無知又無良，但也不是惡魔，不值得去恨他們。「你要保守你的心，勝過保守一切，因為一生的果效是由心而發」（箴 4：23）。我們不能因敵人的惡行奪取了我們心中的良善和希望。

十架的愛叫我們明白自己罪孽深重，讓我們可以悔改，與神復和。我們面對惡者也需要想盡辦法，讓他們感受自己的邪惡和所帶來的傷害。在上文提到的電影中，那些英國長官和打人的警察心裏要受的苦，可能比被打的羣眾更大，因為他們看到自己赤裸裸的暴性。面對香港今天的政治困局，在復和路上行走的人，也需要竭力讓統治者看到他們的邪惡。以暴還暴是無法達到這目的，暴力只會讓當權者的高壓手段顯得更為合理，使支持政府和反對政府的市民的看法進一步兩極化，離和睦之路愈來愈遠。

別人不仁，難道我們就要不義？

如何讓當權者無法再逃避自己的惡行？這正需要我們的努力、創意和勇氣，在公共空間理性討論、以藝術創作和大眾傳媒喚起人民的意識、採納有智慧的政治手段、以街頭運動的施壓等。如果當權者仍是不悔改，那又如何？坦白説，即或沒有成果，我們仍要繼續尋求和睦；如果單以成敗論英雄，我們和功利主義者、機會主義者有什麼分別？別人不仁，難道我們就要不義？

尋求和睦並不是一條容易走的路，要成功地走需要智勇雙全。也許耶穌的榜樣可再次成為我們的鼓勵。祂貴為神子，在世上被人誤解和出賣，就是死前也被大盜奚落。祂升天後，直至今日仍有無數人拒絕祂的愛。耶穌今日仍在愛中等待拒絕祂的人。我有能力與主耶穌的公義相比？今天就要放棄等待復和的盼望，定別人死罪嗎？讓我們宣告別人不義時，也同時默想自己的不義，求主幫助我們每個人回轉。任何一個迷失了的靈魂，都是我的損失，也是天國的損失。

雷競業，中國神學研究院神學科副教授。

和站在矛盾對立社會中信徒的答問

郭鴻標

2016年初旺角騷亂後，本土派候選人在新界東立法會議員補選中獲66,000票，標示了市民對「以武抗暴」行動有更大的包容和接納。縱使不會使用暴力抗爭的人，一方面同情在街頭用激進手法抗爭的人；另一方面，也會覺得和平、非暴力的方法不切實際，「和理非非」變成一個貶詞。究竟，非暴力抗爭方法是否無效呢？究竟，基督信仰是否接受暴力手段呢？究竟，非暴力是否等於不抗爭呢？究竟，基督徒是否可以參與非暴力抗爭呢？這些問題十分重要，與我們如何實踐和平與正義有關。

非暴力抗爭方法是否無效？

〈以弗所書〉2章13至16節教導我們，上帝在耶穌基督裏促使人與上帝復和的可能性。不單如此，由於人與上帝復和，以致人與人之間的復和也成為可能。從神學角度來說，耶穌基督已經成就的是一種「現實」(reality)，在十字架上終止報復的循環，消除雙方的仇恨，為雙方的復和締造基礎。

耶穌基督作為人與神、人與人之間的「中保」(mediator)，令對立的雙方開展復和的關係。不過，這種人與神、人與人之間復和的「現實」是一種「可能的現實」(possible reality)，需要雙方參與和投入復和的里程。若果矛盾對立的雙方能夠坦誠溝通、互相尊重、放下敵意或者仇恨、主動和解、重建信任和關係，我們發現矛盾對立的局面是可以改變。

新約《聖經》〈馬太福音〉的登山寶訓教導人：「使人和睦的人有福了！因為他們必稱為神的兒子」(太5：9)。社會上的矛盾對立，並非一朝一夕形成，我們不能夠要求急於見效，相反應該有耐性地等待。筆者認為那些覺得和理非非無效的人，不應該太武斷，也不應該連理性溝通對話的方法也視為無效。若果我們連理性對話的方法都覺得無效，那麼只可能活在互相爭鬥的困局裏面。故此，非暴力抗爭的想法有《聖經》為基礎，只是效用非即時可見。

基督信仰是否接受暴力手段？

筆者認為討論這個問題，首先要澄清「武力」(power)與「暴力」(violence)的分別，新約《聖經》記載耶穌基督潔淨聖殿，是使用「武力」，更準確的説是使用最低的「武力」，將聖殿外院還原為外邦人禱告的地方。在2016年旺角騷亂中，示威者擲磚事件後，有人回應譴責示威者擲磚的同時，也應該責備「制度的暴力」。同時，耶穌基督潔淨聖殿的個案，亦成為基督信仰沒有否定「暴力」的例子。

不過，筆者認為需要澄清三個問題，第一個問題是什麼是「制度的暴力」？是政府的決策不考慮民意？立法會「剪布」，強行通過某些議案？無論是什麼不合理的事，究竟如何可以將擲磚洩憤的行為合理化呢？第二個問題是，究竟耶穌基督潔淨聖殿是使用最低的「武力」，還是濫用「暴力」呢？第三個問題是，究竟基督信仰是否接受「暴力」手段呢？

筆者認為，這說法有概念混淆的成分。在基督教歷史上，有很多合理地使用武力的例子，就如傳統上「正義戰爭」（just war），不會認為是使用暴力，更不會覺得是濫用暴力。筆者認為武力與暴力的分別在於動機，其次才是外在行為。例如，警方使用武力制服犯人是正常的，也不會受質疑。不過，當警察面對手無寸鐵、正在散去的示威者，仍不停地揮舞警棍擊打別人，這並非合理使用武力，而是濫用暴力。因此，筆者覺得基督信仰沒有否定暴力的問題，並不是正確的提問方法，應該是基督信仰沒有否定武力。

所以說，基督信仰沒有否定武力，問題是在什麼處境才可以使用武力。舊約《聖經》確實有很多關於戰爭的記載，但從新約《聖經》耶穌基督的角度解釋時，我們不會鼓勵戰爭，相反鼓勵實踐和平，活出「非暴力」(non-violence)的精神。

在非暴力的大原則底下，我們接受有些情況仍需要使用武力，而正義戰爭的理論主要分三方面：第一，公義地宣戰，戰爭必須出師有名，有正確動機，由國家公開宣戰；第二，公義地作戰，有節制地運用軍事力量，不攻擊非軍事目標；第三，戰後的公義，協助恢復秩序及重建。當然，聲稱為正義而戰的一方，很多時不會認為自己濫用暴力，相反會覺得所使用的是最低武力，這要小心和注意。

非暴力是否就是不抗爭？

自從第二次世界大戰後，大家對德國希特拉發動侵略進行深切的反省。德國發動戰爭肯定不是正義戰爭，同時參與戰爭的雙方也不可能完全正義。很多例子説明無辜被殺，甚至是被同袍誤殺，也有些是發現策略錯誤後，不願意增派軍隊而讓被圍困的部隊自生自滅。由於參與戰爭的任何一方都難以站在道德高地，漸漸引伸一種對正義戰爭觀念的質疑，轉而流行「正義和平」(just peace)理念。和平並非壓抑反對聲音，相反必須讓正義彰顯。和平需要透過非暴力的方式表達和爭取，「以武制暴」或者「以暴易暴」的方法都不可能締造正義與和平，只會挑動報復、仇恨，令矛盾和對立加深。

採用非暴力方法爭取理想的實現，或會令人覺得力度不夠，不能產生即時的效果。不過，真正的正義與和平是建基在崇高的道德價值上；從基督徒角度看，則是建基於基督信仰上，是對上帝召命的委身，對真理的堅持與執著。非暴力並不表示不抵抗或者不抗爭(non-resistance) 。在雨傘運動後，香港神學界有引用神學家侯活士(Stanley Hauerwas)、猶達(John Yoder)、麥乾頓(James McClendon, Jr.)等人的思想，強調愛與和平的非暴力原則。筆者認同愛與和平的非暴力原則，但我們需要再深入了解上述三位學者觀念的優劣。

侯活士於 1983 年出版*The Peaceable Kingdom：A Primer in Christian Ethics*(中譯《和平的國度：基督教倫理學獻議》)的時候，猶達在波蘭華沙發表關於非暴力的演講。猶達對於和平非暴力原則已經有一段長時期的思考，而侯活士則是剛剛探討這個課題[3]。猶達認為非暴力是一種「抗爭」(resistance)的形式；但侯活士卻形容，非暴力為教會的一種美德，重視教會羣體成員非暴力的品格

3. Matthew Porter & Myles Werntz. (2011), On 'Seeing' Nonviolence in 1983: Nonviolence and Ecclesiology in Hauerwas and Yoder, *The Conrad Grebel Review*, 29 (3), 43.

建立，卻不一定將非暴力視為一種抗爭的行動[4]。可見，大家就此仍抱有不同看法。

基督徒可否參與非暴力抗爭？

有些基督徒將潘霍華（Dietrich Bonhoeffer）參與雙重間諜工作，視他為放棄和平非暴力原則，轉而採用暴力的表現。麥乾頓認為，潘霍華無法到印度訪問甘地，深化非暴力思想是一種失敗，從後果來説是悲劇[5]。麥乾頓指出潘霍華仍然有非暴力思想，他在 1934 年在丹麥的會議，以及 1937 年出版的《跟隨基督》（*The Cost of Discipleship*）亦提及非暴力思想[6]；只是他在 1940 年

4. Matthew Porter & Myles Werntz. (2011), 46.
5. James William McClendon Jr. (2002), *Systematic Theology Vol.1. Ethics*, Nashville: Abingdon Press, 198.
6. James William McClendon Jr. (2002), 200.

參與雙重間諜工作，成為「革命分子」(revolutionary)[7]。他認為，若果潘霍華繼續持守非暴力思想，遠離政治，戰爭結束後將會成為教會領袖[8]，因此潘霍華的人生是悲劇的人生[9]。

筆者認為，麥乾頓的觀點有兩點值得商榷：第一點是潘霍華參與雙重間諜工作，是否成為革命分子？嚴格來説，潘霍華沒有涉及暴力革命行為，他只是運用德國間諜身分幫助猶太人逃亡，以及出國外訪，將德國國內反對希特拉的勢力，準備推翻希特拉重建德國的訊息，傳遞給外國教會領袖。潘霍華根本沒有資格接近希特拉，或者參與高級將領軍事會議，何來參與刺殺希特拉行動呢？若果潘霍華是一位革命分子，也不表示他放棄非暴力思想。

7. James William McClendon Jr. (2002), 203.
8. James William McClendon Jr. (2002), 210.
9. James William McClendon Jr. (2002), 211.

第二點是，若果潘霍華不成為雙重間諜，就不會被處死，日後可以成為教會領袖？當我們翻開德國認信教會的歷史，就發現有抗拒教會納粹黨化的牧師被處死、被拘捕折磨的例子，所以反抗教會納粹黨化就有犧牲殉道的危險。

筆者相信當時參與抗爭的牧者，覺得當下應該參與抗爭行動，不會有「留得青山在」的想法，也不會估計德國戰敗，待德國重建的時候擔任教會領袖。不少信徒，仍繼續持守非暴力思想，進行非暴力抗爭。

差遣：成為和平之子

面對香港社會的撕裂，基督徒應該成為和平之子，促進對立雙方的對話、和解。我們應該反對仇恨、反對暴力行為；同時，我們應該支持和平非暴力的抗爭。我們並非沒有立場，而是應該超越各黨派的政治利益考量，思考香港的前途問題。我們未必有政治勢力；但是我們見證一種更高的價值，呼籲人「滅掉冤仇，尋求和睦。」

郭鴻標，建道神學院神學研究部主任。

Baby boomer一族，為年輕和平之子送上祝福

馮煒文

作了基督徒幾十年，甚覺歡暢。不是一帆風順，但總的來説，信仰在自己生命中實在是美事，也使生命成為美事。然而，我得承認，在過去兩三年，在這城市作基督徒，作得很辛苦，比以前辛苦。

「突破」青年朋友邀請我加入討論「廢掉冤仇．尋求和睦」主題。就這美好的憧憬和支撐着它的價值：饒恕，我這個人有什麼可以説？即時的回應，也不用很仔細的思考，是言重了。冤仇，説得太沉重了，與個人經歷不符，與自己在這城市一同成長的一代不符。

「冤仇」兩字，言重了

在上世紀60、70年代成長的我們，即是今日60、70歲的所謂「嬰兒潮一族」（baby boomer），談不上有什麼「冤仇」。戰後

的香港，百廢待興，有貧窮，有不公義，有歧視；但也有機會，有喘息空間，有避難所，可以忘記不愉快的經歷。當時的香港似乎沒有很肥沃的土壤，讓「冤仇」在人心中生根，在社會中發芽。

若有「冤仇」，大概應該在我們父母一代的經歷中可找到。他們是戰亂失去家園的一代，大陸「三反」、「五反」的仇恨一代，文革大殺戮的一代。然而，他們都選擇把冤仇藏在心中，拒絕向他們的兒女訴説，這是他們説「我愛你」的方法。我想這些壓抑必然加深他們的創傷，但同時也希望守護我們這一代的心靈健康。

在 70 年代，我從事勞工宣教，認識不少年長工人。在交往時，每每感到雙方都希望進入較深的情誼，但往往很快卻步。可能就是因為這些「冤仇」的黑暗，害怕接觸到真誠交往的亮光。

就是這樣，多虧可憐的長輩，今天 60、70 歲土生土長的香港人，很大程度上被豁免了「冤仇」的入侵。就個人而言，50 年代就讀九龍華仁。還記得的，是中三時學英文，每日要在班上大聲朗讀四句英語，自行選題，內容不拘，只求説得明白清晰。初期害怕「肥佬」，費了不少時間熟讀《南華早報》社論首段，逐字背誦，安全至上；後來膽大了，不作任何準備，站起來便會話式地説幾句，照樣過關。學年末期，雄心大志，效法經典文本，加入自創句子，大快神父之心。

還記得的，是每日課後踢足球，練合唱，學英文粵曲。中五時曾拉隊往旺角看公餘場電影，散場時影院如常播放《天佑女皇》國歌。我們一眾深綠色校服華仁仔一律沒有肅立，只顧收拾細軟準備離場；後來有人公開投訴，結果全體被召到校長室。愛爾蘭耶穌會神父叫我們下次要守規矩，笑口叫我們快走，投訴者大概沒有讀過英愛的百年抗爭歷史。

教會內，饒恕、復和説得太輕鬆

「冤仇」，「滅掉冤仇」，對 baby boomer 這一代來説，言重了。「冤仇」，可能從不在我們的DNA裏。若有點感受，也只是二手貨色的經歷。由我們這一代主導，九七前後的民主回歸運動，對香港的承擔、意識形態、策略、戰術、實踐，也許都可以在這事實中看到端倪。這種論述，令我們一向覺得這城市很可愛，令我們覺得在香港若要用上「冤仇」這類字彙，是太言重了，直至近期的兩三年……在今日的香港，「冤仇」可能不再是那麼「言重」了，連「突破」也用上。就我而言，這個baby boomer不習慣。正如我在開頭説，在這兩三年，令我作基督徒作得辛苦。

在教會氛圍，言説「饒恕」、「復和」倒算不上沉重。相反，這些基督信仰美好的核心價值，往往被我們言説得太輕鬆、太容易。這不是這兩三年的新現象，華人教會一向如此。只是在「冤仇」不算沉重的年代，言說「饒恕」還不覺刺耳；在今日的香港，這些言說聽起來，愈來愈是「政治正確」的行貨。

記得70年代的一個InterVarsity國際校園基督徒大學生會議，主題是宣教。到了中段，大家學習情緒高昂，體驗到甜蜜的屬靈團契。當時有代表發出一項請求，要求大會進行某種「復和」儀禮，焦點是與日本復和。這動人的建議立即成事，眾人都感受到愛的激勵，來自歐美亞洲各地的代表互相認罪、接納、擁抱，很美的經歷。三天後大會結束了，其後的檢討帶出另外的一面。人人都贊同饒恕，復和，這些信仰普世價值，誰會質疑？但把它言說，便無可避免地成為某些具體氛圍（context）的內涵，容易矯枉過正，淪為反智，虛假。用今日的潮語，也就是「離地」。政治正確式的神學或屬靈言說，一旦成為教會文化，不但軟弱無力，更會成為信徒與別人交往溝通的障礙。饒恕、和睦，並不是輕省的憧憬，基督耶穌為此付上沉重代價。

市民抗拒福音，教會遠離苦痛

年輕時在基督教工業委員會工作，與工人同行，間中或捲入工業行動。當時全港最大的塑膠廠發生了工潮，工人要求與資方談判改善工作環境及條件，資方拒絕。廠長是一位基督徒，界內外都頗有名聲。事情鬧大了，人人都緊張。廠長的牧師找我們傾談，希望找到出路。牧師苦口婆心地提議工委會職員與廠長坐下見面，負責祈禱，主領聖餐，建立互信關係。我和同事商量後，謝過他的好意，禮貌地拒絕了邀請。在我們的價值中，首肯共桌同享主的餅、主的杯，但不肯圍坐於談判桌，商討相互的利益，是完全講不通的。屬靈的主餐桌的誠信，要靠賴講錢講權益的談判桌來證明。「人應當自己省察，然後吃這餅、喝這杯。因為人吃喝，若不分辨是主的身體，就是吃喝自己的罪了」（林前 11：28-29）。

如文章開初所說，作了基督徒幾十年，一直都覺得歡暢，直至這兩三年感到辛苦。辛苦是因為一向自視為美善的價值及態度：和睦、饒恕、寬容，在今日的處境，今日的香港，竟然不能避免成為政治正確的命運。結果是別人抗拒福音，教會更遠離香港人的苦痛。

盼年輕信仰羣體，為自己一代演繹福音

是年輕一代的使命了。人人都要在自己的處境作基督徒，為自己的一代演繹福音。我學習，啟蒙，成長的世界已經不復存在。在這些年間，學了不少功課。對饒恕這課題，算有些心得，也就簡單地交代。

《聖經》中的饒恕信息，主要是對有力量的人說的，而不是對弱者無力者說的。主禱文要我們「免了人的債」，這訊息是給債主

的。債主有權追債，有能力懲罰負債者，但債主選擇不這樣做，就是饒恕。教會講壇宣示饒恕信息，對象是權勢。只有受過傷害的人才有資格饒恕別人。沒有受傷的第三者請勿自動請纓。

在《聖經》中、在社會中，的確有弱者無力者饒恕傷害了他們的人，這是力量的表現，是獲得添加力量的結果。弱者無力者能夠饒恕，因為他不再是衰弱，不再是無力，在這裏我們看到信仰羣體的獨特貢獻。

人的饒恕與上主的饒恕是兩回事。對被饒恕者而言，神的饒恕有客觀後果，就是罪得赦免，永生得贖；但人的饒恕卻沒有這種能耐，往往沒有客觀後果。柴玲宣佈饒恕六四天安門的元兇，不等於上主也作出同樣的作為。同理，我們今日未能饒恕他人，不等於上主也同樣離他們而去。

因此讓我們歡欣，因為我們知道，饒恕是上主的事，不由得我們。審判，定罪，釋放，也不由得我們。我們可作的，是學像耶穌的禱告：「父啊，倘若可行……然而，不要照我的意思，只要照你的意思」(太 26：39)。

馮煒文，資深神學工作者，曾任職基督教工業委員會。著作有《假如耶穌在》(大時代版)。

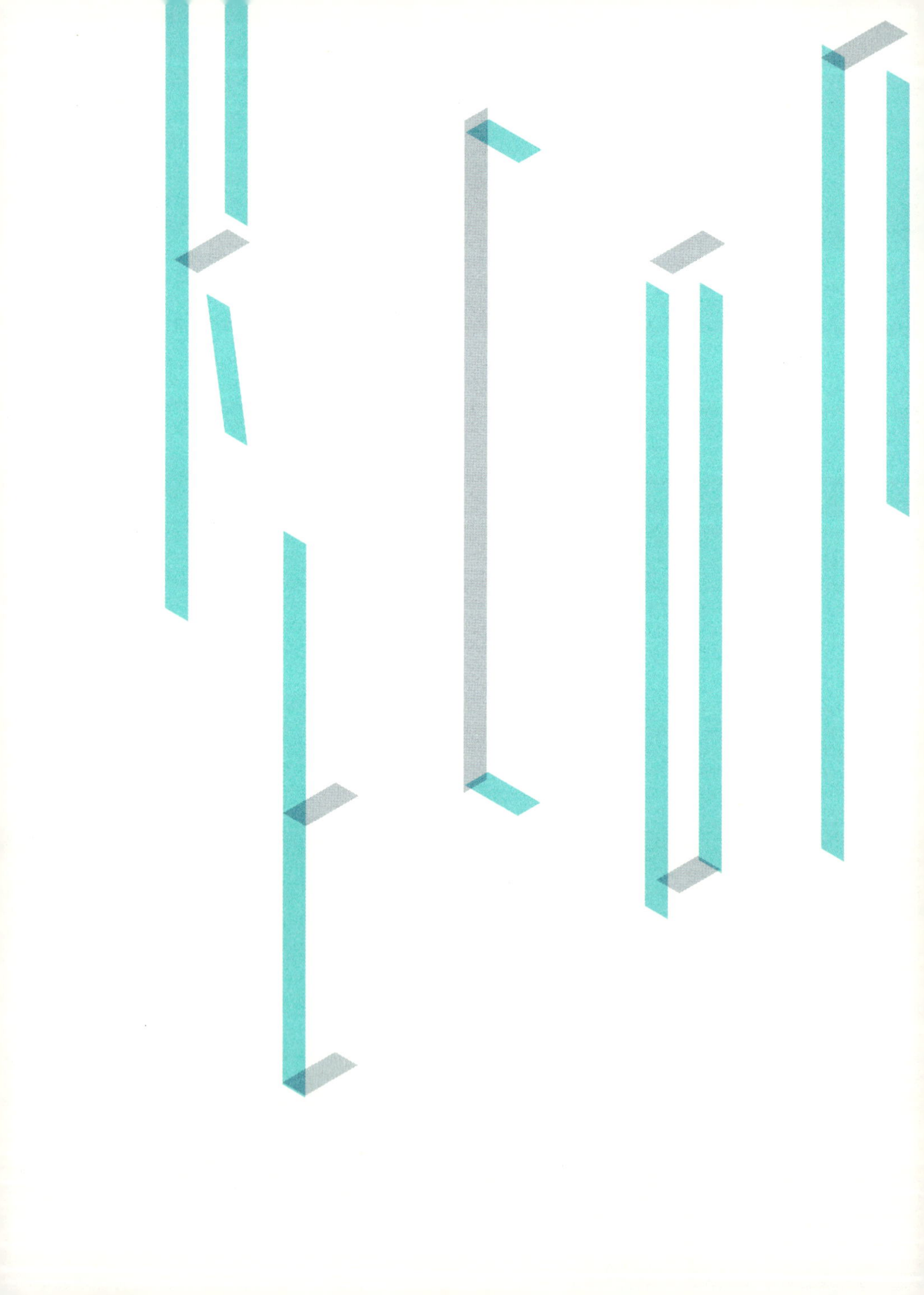

牆角的房子

——教會論

教會，要「真・合一」

黃國維

「你們藉着信，在基督耶穌裏都成為神的兒女。你們凡受洗歸入基督的都披戴基督了：不再分猶太人或希臘人，不再分為奴的自主的，不再分男的女的，因為你們在基督耶穌裏都成為一了」（加 3：26-28，和合本修訂版）。

這句話是保羅在 1 世紀寫給加拉太的各教會。羅馬帝國中有很多不同的種族，族羣之間不時發生衝突，「和平」往往靠羅馬強大的軍事鎮壓維持。當時，社會清晰劃分了不同階級，貴族、公民、贖回自主的平民、奴隸等人身分和權利不同，衣飾也不一樣；家庭全由最年長的男性作主，女性只得聽從，也沒有政治權利。在這社會環境下，保羅說所有人能夠不分種族、階級、性別，在基督都「成為一」，是一個相當顛覆性的宣稱。他這樣說同時挑戰羅馬政權靠鎮壓達到和平的手法，宣告受洗歸入基督才能達致真正的和平。在基督裏「成為一」，是給當時撕裂的社會和平的盼望。

保羅的時代，教會也面對社會撕裂

為何保羅可以作出這大膽的宣告？羅馬人用武力，血流成河才得到和平，基督一個人如何能做到？保羅説基督的和平也是從流血而來，但不是衝突的血，而是十架的血：「從前你們是遠離神的人，如今卻在基督耶穌裏，靠着祂的血，已經得以親近了。因為祂自己是我們的和平，使雙方（註：猶太人和外邦人）合而為一，拆毀了中間隔絕的牆，而且以自己的身體終止了冤仇，廢掉那記在律法上的規條，為要使兩方藉着自己造成一個新人，促成了和平；既在十字架上消滅了冤仇，就藉這十字架使雙方歸為一體，與神和好」（弗 2：13-16，和合本修訂版）。

達到和好的血不是敵人流的，而是基督自己流的。在基督身上，保羅看到真正的和平，不是靠強勢和威嚇逼使弱者不敢反抗，而是透過自我犧牲和寬恕令冤仇消滅。當仇恨消失，彼此再沒有衝突的原因。在十架面前，每個人看到自己曾經犯罪，都要乞求上帝的赦免，亦醒覺自己也曾經傷害別人，需要別人的饒恕。人犯了罪必須受罰，基督卻在十架上承擔了人的罪，為眾人流血，人就不用自己流血了。這樣，罪惡、暴力的血被施洗的水洗淨。當人被基督十架的赦免擁抱，就懂得擁抱和赦免曾經得罪自己的人。所以，基督的血不單洗淨了眾人的罪，更帶來羣體中和好的關係。

異見者一同敬拜、守餐會叫世界驚訝

因基督的血，冤仇消滅，關係和好，所以教會是和平的羣體。但保羅並沒有停留在和平的關係上，而是進一步指出教會是「合一」的羣體：「以和平彼此聯繫，竭力保持聖靈所賜的合一。身體只有一個，聖靈只有一位，正如你們蒙召，是為同有一個指望而蒙召，一主，一信，一洗，一神——就是萬人之父，超越萬有之上，貫通萬有，在萬有之中」(弗 4：3-6，和合本修訂版)。

教會不單是「你好我好」的和平羣體，更是合一的基督的身體，但追求合一難度更高。人或可因着基督的救贖彼此饒恕，不再追究過往的傷害，但要大家合一就要求不同的人在一些事情上一致。然而，每個人都是獨特的，各有不同的經驗、性格、角色、立場，怎樣能達到合一？究竟合一是什麼意思？是否説各人的思想、立場、行動要一致？

保羅用了七個「一」來形容教會的合一：一個身體、一位聖靈、一個指望、一主、一信、一洗、一神。這七個「一」背後各有神學意思，卻不包括思想、立場和行動。所以，當保羅在〈以弗所書〉討論教會合一的本質時，並沒有説教會中每個人必須思想行動一致。他提出的「一」全是信仰上，那些眼不能見、憑信心才見到的事情。

神學家潘霍華（Dietrich Bonhoeffer）指出教會的合一並非透過人的努力營造單一立場而來，而是必須由神建立，透過基督的血、聖靈的內住，並信徒的受洗而來。他指出，若我們以為合一等於意見統一、立場一致，就是認為合一是人間可見的事情，能靠人的力量達到。這樣，教會就不需要基督的血和救贖，也不是神建立的羣體。所以，教會的合一正是發生在極為不同的人一起敬拜、一起守主餐和彼此代禱之時。

潘氏說：「正因猶太人和希臘人在完全不同的心理狀況、直觀和知識上彼此衝突，證明了合一是建立在神的旨意上[10]。」這話指出了教會合一的弔詭之處：當信徒的意見立場一致，固然可以

10. "Precisely where Jew and Greek clash, out of their completely different psychological dispositions, their intuitive and intellectual perceptions, there unity is established through God's will." Dietrich Bonhoeffer, trans. Reinhard Krauss and Nancy Lukens. (2009), *Sanctorum Commnio: A Theological Study of the Sociology of the Church,* Minneapolis: Fortress, 192.

反映教會的合一；但當彼此的意見不同，甚至發生衝突，卻仍堅持一起敬拜、一起守主餐和彼此代禱，教會那從神而來，不是從人而來的合一就更加明顯、清晰。

潘氏這合一的觀念給今天香港教會很大的提醒。真正的合一不等於和諧、無衝突，更不是立場一致、行動一致。若我們要彰顯教會的合一，就要在各人持不同的意見和立場時，堅持大家同屬基督的身體，這樣的合一往往成為教會最有力的見證。昔日在羅馬帝國中的教會，猶太人、希臘人、為奴的、自主的，男的、女的可以一同敬拜，一同守餐。教會這「顛覆性」的合一叫外面的人感到驚訝。同樣，在今天的香港社會，保守的、前進的、藍的、黃的、建制的、本土的，若因信同一位主而堅持一同敬拜，一起守餐，更彼此代禱，這合一的見證亦會叫城市的人感到驚訝。

合一是當下聚合，一致是終末目標

然而，若教會的合一是不同想法的人可以一起敬拜，難道各人的想法和行動就沒有對錯之分？犯了錯的人不用改變？保羅沒有這樣的意思。他透過書信不斷教導和提醒信徒什麼是正確的信仰、思想和行為。教會是追求真理的羣體，信徒當然必須分辨對錯。保羅亦鼓勵腓立比教會的信徒「要意志相同，愛心相同，有一致的心思，一致的想法，使我的喜樂得以滿足」(腓 2：2，和合本修訂版)。所以，眾人達到「一致的心思，一致的想法」，是教會羣體的目標。

驟眼看來，這「一致的想法」的目標，與以上合一的概念好像存有矛盾：若教會的合一透過差異能顯得更清楚，為什麼信徒仍要追求一致？其實兩者並沒有矛盾。「合一」指出不同的人，無論想法如何不同，都屬於同一個敬拜羣體；而「一致的想法」鼓勵他們在這羣體內要努力達到一致的心思。雖然合一不等於一致，但不同的人若能達到一致，合一的堅持就發揮了果效。

由南轅北轍的想法至達到一致的意見，難度當然極高。基督裏的合一叫極為不同的人堅持走在一起；「一致的想法」是終末的目標，但完全的一致唯有在新天新地見主面時才能出現。我們今天不能完全達到一致，但這目標確實是我們的追求，就像我們今生不可能不犯罪，仍要追求聖潔一樣。「合一」在此時此刻把不同的人聚合，「一致的想法」把眾人的差異在合一的基礎上漸漸收窄。今天在地上的教會羣體，在差異中掙扎，在過程中或進或退，但總不能放棄合一的堅持和一致的目標；相反，在不同想法的張力下，仍在地上見證合一，追尋真理。

而且，教會羣體在邁向一致的想法的旅程上有實在的指引。

《聖經》的話、神學的反省、聖靈的教導和提醒，是在黑暗中摸索的明燈。這樣，眾人達到一致的想法，並非靠大聲蓋過微弱的聲音，也不是靠大權抹殺別人的意現，而是透過眾人一起思想神的話，一同分辨時代處境，一起尋求基督的意思，就如保羅鼓勵信徒要追求「以基督耶穌的想法為你們的想法」（腓 2：5，新漢語譯本）。在這追求一致的旅程上，最重要的是謙卑聆聽，不單是聆聽神的聲音，更是聆聽別人的聲音。所以，保羅教導信徒，在追求一致想法時，「凡事不可自私自利，不可貪圖虛榮；只要心存謙卑，各人看別人比自己強」（腓 2：3，和合本修訂版）。

教會使命：協助城市尋求一致

教會真正的合一，必須包括合一的堅持和一致的想法的追求，兩者缺一不可。今天香港教會的問題是只選其一。有羣體為着不同的人能一起敬拜，不敢觸碰各種差異的想法和立場，但這是把合一約化為表面和諧，也是潘霍華所說由人血氣製造的合一，不是神賜下的合一。這樣的羣體不會一起追求基督的想法，教會就淪為「你好我好」、「離地」和不重視真理的社交羣體。

有人渴望把末世的一致的想法馬上在今天的羣體實現，若實現不了就不再堅持一起敬拜，離開與自己想法不同的教會，加入與自己立場一致的羣體，但這是魯莽地以為自己完全擁有基督的想法，不用聽其他人的聲音。這是毀滅了教會「顛覆性」的合一，撕裂了基督的身體。這樣的教會，只是立場一致的羣體，雖然眾人同聲同氣，卻沒有彰顯在基督裏、從天而來的合一。

耶穌說教會是山上的城（太 5：14），所以教會是「城中的城」，要讓城市的人能夠看見。在今天的香港，市民渴望和諧卻被立場撕裂，渴望溝通卻只懂謾罵。教會對合一的堅持和真理的追求，能夠成為城市一個容納差異、修補撕裂、尋求一致的地方。教會能否發揮這「真・合一」的功能？就要看我們的選擇和努力了。

黃國維，中國神學研究院神學科助理教授。

教會也撕裂，
在公義中尋求復和

潘信超

無可否認，香港正處於巨變之中。回歸中國後所產生的震盪與衝突，在過去幾年全面浮現。現屆特區政府的施政方針出現明顯轉變，從謹守兩制的差異，到處處以一國為先。為了命運自主，為了守護舊日良好的制度，為了維護公義和法治，不少人加入抗爭的行列；但另一邊，有人反對抗爭，認為這是破壞和諧穩定的行為。時局急變，意見分歧不再只是觀點與角度的問題，而是關係整個城市的生死存亡。

就抗爭與和諧，教會觀點不一致

面對社會撕裂，教會也難獨善其身。抗爭與和諧這兩種主張，令教會陷於嚴重的意見分歧之中——主張抗爭的一方強調公義；主張和諧的一方則強調復和，兩種主張大概可以表述如下：

1. 和諧一族：

認為復和比公義更重要。基督徒不是要作和平之子嗎？即使在不公義的制度和處境中，抗爭，尤其是涉及違法甚至帶有暴力成分的抗爭，與強調復和的基督信仰根本是格格不入。在衝突和對抗中，又怎能復和？參與抗爭，又怎去作和平之子？根據這種思路，要復和與公義兼得，人不能以抗爭和衝突去回應，而只能以單純的饒恕，對待為惡的人和惡的制度，而公義就只有留待上主去伸張。

2. 抗爭一族：

堅持行公義，但對復和卻感無奈。為着公義與強權對抗本已艱難，要在行公義當中存着饒恕與和平的氣質，更是難上加難。抗爭要有力，豈能缺少憤怒？若不是出於義怒，又豈有抗爭的動力？對不義的恨，難道不正是抗爭的最大動力？既然如此，為了伸張公義，只好少講一點復和、饒恕與和平，這是無奈但卻必須有的取捨。

真正的復和，須滿足公義要求

如此看來，和睦固然是眾人所願，撕裂卻似是情非得已。細想之下，上述兩種取向其實都隱含了一種思想假設——在政治上須與強權共存或對壘的處境下，復和（包含饒恕與和平的實踐）與公義，在實踐上是難以共融的。這樣的思想假設是否合理？究竟復和及饒恕在信仰中所指的是什麼？筆者就此問題的思考是：真正的復和其實必須滿足公義的要求。倒過來說，如果復和的代價是犧牲公義，這根本不是真正的復和。真正的復和建基於真實的彼此饒恕，是一方願意面對自己的罪惡，而另一方又願意饒恕。唯有在這種狀況下的復和才是真實、徹底和長久的。而關鍵的問題是，要面對罪惡的現實，無論是自己的罪惡，還是別人的罪惡，都有違我們的本性。我們不願意面對自己的罪惡，是為了逃避在上帝面前踏出悔改的一步；我們不願意面對罪惡的現實或別人的罪惡，可能是因為我們缺乏復和的動力和勇氣。

人常向神隱藏不可告人之罪

正如英國作家魯益師（C. S. Lewis）所言，真正的饒恕是艱難的（或許在主禱文中有饒恕的部分，是因為基督知道對人來說，饒恕是艱難的功課，也知道我們每天都要倚賴上帝的恩典，才能做到彼此饒恕的要求）。很多時候，我們可能沒有經歷真正的饒恕，也沒有真正的饒恕別人。我們在私禱中向上帝的祈求赦免，是為自己的錯誤和罪行找尋開脱的藉口；我們時常拒絕向上帝表白，隱藏在內心深處那不可告人之罪，但正正是這些罪，最需要上帝的饒恕和醫治。我們像一個不肯向醫生坦白病情的病人，只一味告訴醫生，自己的身體哪些地方是無病而正常，卻不肯告訴醫生哪裏不舒服。唯恐醫生了解病情後，就會要了他的命[11]。（這種心態在〈創世記〉開首的記載不是已經有生動的描述嗎？參〈創世記〉3 章 8 節）沒有將心中的罪在上主面前陳明，人就無法經歷上帝早已預備的醫治及復和。

同樣地，面對世界上的罪惡和別人的罪惡，我們的很多時候選取一種逃避的態度。我們一方面很容易數落別人的罪惡，沒有想過跟別人復和，根本忘記要饒恕別人；另一方面，對罪惡的沉默和表面的寬容，也許只因我們對復和漠不關心。在這種沉默和逃避下，無論是「罪者」（sinners）或「被罪者」（sinned against）[12]，其實都沒有經歷被饒恕或饒恕人的過程，因此無法擺脫罪惡帶來

11. Lewis, C. S.. (1980), *The weight of glory: And other addresses*, New York: HarperCollins, 25-46.
12. Fung, Raymond. (1980), Compassion for the sinned against, *Theology Today*, 37 (2) : 162-169.

的痛苦。正因如此，缺乏公義訴求的表面和諧，無法帶來真正的復和與饒恕，因為被罪惡破壞了的關係根本得不到正視和醫治。從這個角度看，復和與公義非但不是此消彼長，非此即彼的兩個概念，而是真正的復和是必須擁抱公義才得以成就。公義是復和的基礎，而復和則是公義的目的。

福音精髓：饒恕那不可饒恕的

「饒恕那不可饒恕的」（to forgive the unforgivable）——這正是福音的精髓所在。教會的使命正是向世界發出這決定性的宣告：一切罪惡已經在道成肉身的基督身上得到完全的赦宥，人世間一切對公義的訴求，已經由上帝在基督裏所成就的義（God's righteousness）而得到滿足，而基督的生命已為人創造了復和的唯一基礎。在充斥罪惡的社會和制度中，教會對不公不義的批判和揭露，不僅是為了解決當下具體的社會問題，批判和揭露更是為了讓人能經歷上帝的赦免和寬恕，並因而令人得着彼此饒恕的力量，成就了真正的復和。因此，教會如果對社會公義的訴求置若罔聞，其實不是在寬容別人，而是剝奪了「罪者」經歷上帝赦宥並跟「被罪者」復和的機會。

如果連罪惡的內容也拒絕正視提及，又如何饒恕？缺乏真實的饒恕內容，饒恕只是一堆空洞的教訓和安慰。當然，同樣不可偏廢的是，批判和揭示的目的不是仇恨和報復，也不是用以證明自己比別人在道德上站得更高。指出那不可寬恕的罪行，是為了寬恕它，這看來是一個明顯的悖論（paradox），在基督裏卻是現實（a reality in Christ）！我們在基督嚴厲責備法利賽人的罪行時，或許只想到伸張公義的問題，但我們也必須記得，基督對這些人的愛，也令祂在十架上説出那句最深刻的話：**「父啊！赦免他們；因為他們所作的，他們不曉得」（路 23：34）。**

寬恕他人，為時未晚

人世間的罪往往大得令人不敢正視。單憑自己，人的確難以承認或承受這些罪帶來的結果，即使把罪的現實揭露出來，也不代表有方法面對和解決問題。但正如巴特（Karl Barth）在討論使徒信經時所說的——恩典就是罪惡得蒙赦宥（grace is forgiveness of sins）[13]。基督信仰對人最大的安慰，正在於人脫離苦罪的基礎不在自己，而是基督確實已經把人世間的苦罪，擁抱在祂的生命中，並且克服和勝過它們。透過領受基督的生命，人性得到醫治，生命就有了新的可能。正因如此，也是唯有在基督裏，人才能學會饒恕那不可饒恕的罪！

在最近出版的一本訪談錄中，教宗方濟各（Pope Francis）在

13. Barth, Karl. (2005), *Credo*, Eugene, Oregon: Wipf and Stock Publishers, 150-160.

論到他如何看赦免和憐憫時提到，上帝赦罪的恩典其實大得人無法想像。只要有一絲的機會，上帝都不會放過，都會把人從苦罪的深淵中拉上來。哪怕人只有那一點點些微的願意，上帝也可以從那裏開始施行拯救。方濟各強調，上帝在基督裏的恩典大得可以赦免一切的罪，反倒是人有時無法相信，上帝赦罪的大能可以如此無邊廣闊[14]。既然如此，教會在宣告赦罪的福音時，更應無畏無懼——無懼正視罪惡的現實，並加以批判和揭露，也無懼於向困於罪中的人羣，宣告上帝的赦免和救贖，以致人藉着上帝在基督裏的恩典，可以達致真正的彼此饒恕與復和。

走筆至此，欣聞電影《十年》勇奪香港電影金像獎最佳電影，內心的驚喜和感恩實不能言喻！《十年》或許在技巧和製作上有待磨練，卻充滿對這個城市的關懷和想像，也敢於向權勢發問和

14. Pope Francis, Oonagh Stransky, Trans. (2016), *The name of God is mercy: A conversation with Andrea Tornielli*, London: Bluebird.

挑戰，這電影的動人之處，正是它既敢於揭露制度中的黑暗和罪惡，又能傳遞追求善良的信息，這豈不正是在公義中尋求復和的一種情操嗎？這個城市將來如何，或許真的難以逆料，但靠着上主賜給我們的盼望，我們可以相信，正如《十年》片末的結語所言：「為時未晚！」

編按：

文章曾在《時代論壇》中刊出。

潘信超，曾任職中學教師及電腦程式設計師，現從事翻譯工作。畢業於香港浸會大學、香港城市大學及中國神學研究院。醉心神學、哲學、歷史及政治，以閱讀、寫作及網球為樂。

教會的時代習作——

學習饒恕，像釋放一個囚犯

伍渭文

饒恕別人，就是釋放一個囚犯，但這並不是政府公權力（public authority）的特赦。美國政府面對眾多非法移民問題，在適當時候會宣佈特赦；香港初成立廉政公署時，也曾有特赦，既往不咎。可有想過，上述的特赦行為，「對象」其實是政府自己？若政府本身執法得力，就不須進行任何特赦。

饒恕別人，就是釋放一個囚犯，由一個受傷的人，反倒過來饒恕那位傷害自己的人。可能有人立時想起一句話：「這個囚犯就是你自己。」饒恕人其實等於釋放自己。我們一生總會有意或無意地傷害別人，也曾被人傷害。要是心存怨憤，不肯饒恕傷害我們的人，自己就會被怨憤囚禁，甚至被報復情緒驅策，天天找機會報復。

約瑟被囚，「囚犯」反是害他的兄弟

舊約《聖經》〈創世記〉50 章 15 至 21 節，寫出囚犯不是被傷害的約瑟，乃是傷害他的兄弟。雅各共有 12 個兒子，即後來以色列 12 支派，從拉結生的只有約瑟和便雅憫。當年雅各為了娶得拉結，甘心在舅父拉班手下工作 7 年，卻被騙娶得眼睛沒神氣的姐姐利亞；為迎娶漂亮的拉結，約瑟願意多為拉班工作 7 年。而約瑟是雅各晚年所出，故特別得寵。「以色列原來愛約瑟過於愛他的眾子，因為約瑟是他年老生的；他給約瑟做了一件彩衣。約瑟的哥哥們見父親愛約瑟過於愛他們，就恨約瑟，不與他說和睦的話」（創 37：3-4）。

父母偏心，會令兄弟姊妹產生嫉妒。小孩子是敏銳的觀察者，但也是差勁的解釋者。他們不會明白雅各花了 14 年才娶得拉結，所生的老么當然是掌上明珠；更令他們不快的，是約瑟把各人的惡行報告父親。

約瑟自小常見異夢，也有圓夢的能力。與日俱長，後為法老王重用。17歲時他發了個夢，看見自己在田裏所捆的禾稼，並站在中間，兄長們的禾稼圍着自己的禾稼下拜；另一個夢看見太陽、月亮與11個星向自己下拜（創37：6-11）。當約瑟將這兩個夢告訴兄長，他們更恨約瑟，打算趁他在外邊放牧時用計殺掉他。流便不忍流弟弟的血，建議把他扔在坑裏自生自滅。猶大因着流便敢言，得着鼓勵和勇氣，便以利益角度説服眾人把約瑟賣往埃及作奴隸。約瑟曾求兄長放過自己，但他們硬了心，決意要除掉他。

多年後約瑟成為埃及宰相，憑着夢的啟示，在7個豐年時做好防饑的儲糧工程，為全地連續7年饑荒作好準備。在迦南地的雅各，便叫眾兒子南下埃及購買糧食。約瑟想起從前作的夢，就說：「你們說家中有 12 人，為何只有 10 個來？你們是不是奸細？」便命他們立即回去帶來兩位幼弟，證明是誠實人。兄長們知道家中只有最年幼的便雅憫，約瑟已早被賣掉，哪裏可找回他呢？此時，他們又想起當年賣弟弟的惡行。「他們彼此說：『我們在兄弟身上實在有罪。他哀求我們的時候，我們見他心裏的愁苦，卻不肯聽，所以這場苦難臨到我們身上』」（創 42：21）。多年以來，穿彩衣的弟弟哀聲揮之不去，各人一直被罪債追討。就算約瑟沒有追討，上帝也會追討，因為他們流了無辜者的血。

仿效上主赦免的本性

然而，這篇文章的重點，不是指出我們犯了罪，傷害人者被罪追討，乃是告訴我們上主有赦罪之恩。〈創世記〉開始時，描述罪帶來墮落，人類失去樂園。兄弟反目：該隱殺亞伯、雅各以紅豆湯迫使以掃交出長子名分，又假扮以掃騙取父親祝福，10 兄弟合謀賣掉約瑟。但〈創世記〉結束時，卻看到上主對罪人的憐憫。約瑟對兄長們說：「不要害怕，我豈能代替神呢？從前你們的意思是要害我，但神的意思原是好的，要保全許多人的性命，成就今日的光景。現在你們不要害怕，我必養活你們和你們的婦人孩子」(創 50：19-21)。約瑟看自己所受的苦難是上主的拯救計劃，不少解經家都認為他是基督的預表：為父所愛，但被兄弟們出賣，經歷種種苦難，卻帶來拯救和生命，就如耶穌被出賣，掛在十字架，拯救世人。

「我豈能代替神呢？」這句話指出，傷害不單是受害人和施害者之間的私人恩怨，施害者更要面對上主審判。就如刑事案，不是原告和被告的私人恩怨，而是被告觸犯刑法，主控官代表司法制度追究他，原告只是庭上的證人，被告要面對法律制裁。所以，得罪人的同時也是得罪上主，上主會憑公義按各人所行進行報應。約瑟把伸冤的事交給公義的上主。在上主眼中沒有人可逃罪，但祂有赦免恩典。赦免是上主的本性，並以憐憫罪人為祂的榮耀。

聖餐，叫教會思想基督的犧牲大愛

〈詩篇〉103 篇是感恩詩，感謝上主赦免過犯，饒恕我們的罪過。其中 8 至 13 節不斷重複三個近義詞：憐憫、恩典、慈愛。慈愛（hesed）指立約的愛，上主和選民立的非商業協議或利益交換，乃是宗主國對其藩屬，或貴族對百姓宣示主權：你們是屬於我的，我會愛你們，保護你們。

詩的背景，是〈出埃及記〉34 章 6 節頒下十誡時立約的宣告：「耶和華，耶和華，是有憐憫有恩典的神，不輕易發怒，並有豐盛的慈愛和誠實。」從上主角度來看，這是慈愛；但從罪人的角度來看，卻是憐憫和恩典。當中「誠實」（faithfulness）所指的，是這慈愛恆久不變。要注意的是，立約頒下的是第二塊法版，第一塊早因拜金牛犢而被摩西摔碎。摩西上西乃山後久久不下來，以色列民按捺不住便造了金牛犢代替上主來敬拜。摩西下山看見百姓圍繞金牛犢跳舞唱歌，忘形放肆，「便發烈怒，把兩塊版扔在山下摔碎了」（出 32：19）。

摩西知道百姓不容易帶領，不能憑自己遵守律法，求上主赦免百姓的罪：「不然，求祢從祢所寫的冊上塗抹我的名」（出 32：32）。也求上主同行，並顯出祂的榮耀作為保證：「求祢顯出祢的榮耀給我看」（出 33：18）。於是，「耶和華說：『我要顯我一切的恩慈，在你面前經過，宣告我的名。我要恩待誰就恩待誰；要憐憫誰就憐憫誰』；又說：『你們不能看見我的面，因為人見我面不能存活。』耶和華說：『看哪，在我這裏有地方，你要站在磐石上。我的榮耀經過的時候，我必將你放在磐石穴中，用我的手遮掩你，等我過去，然後我要將我的手收回，你就得見我的背，卻不得見我的面』」(出 33：19-23)。

當摩西求見上主的榮耀，上主卻顯示祂的憐憫，好像牛頭不搭馬嘴，但憐憫正是上主的榮耀。基督在十字架的死，就是上主顯出榮耀的時候。經文提到沒有人能看見上主的本體，就如細菌若看見激光極大的熱能，便灰飛煙滅。所以上主的榮耀經過時，人只能「得見我的背」，而上主的背就是耶穌。從來沒有人見過上主，只有父的獨生子將祂表明出來。所以，基督是上主的憐憫，祂的饒恕是永遠的。

「耶和華有憐憫，有恩典，不輕易發怒，且有豐盛的慈愛。祂不長久責備，也不永遠懷怒」(詩 103：8-9)。「祂赦免你的一切罪孽，醫治你的一切疾病」(詩 103：3)。「一切」代表完全，因為完全赦免，所以往後不會再提起、不長久責備，也不永遠懷怒。就算相愛的配偶，激動氣憤時，還是會提起對方過去的不良紀錄，但上主卻與人不同。「一切」也包括了將來，是無條件的接納。領聖餐時，主席常叫我們回想基督犧牲的大愛，而不是我們的過犯。

聖餐紀念（anamnesis）一字，有「拿起」的意思。所以，聖餐的紀念不是回到過去，哀慟基督的死，紀念是把過去提到現在，使現在產生意義。像結了婚的人，看婚禮錄影不單是回顧、緬懷過去，乃是彼此提醒，重提過去簽了婚書的事實，作為現在的憑據、將來的盼望——我們已經生兒育女，活在彼此的盟誓和承諾中，要好好相愛一起面對明天。聖餐的紀念正是提醒我們，活在上主的慈愛和憐憫中，不被控訴和定罪，所以「祂赦免你的一切罪孽，醫治你的一切疾病。」

接着，〈詩篇〉103 篇 11 至 14 節解釋什麼是憐憫。公義是按我們應得的，如法庭常見那蒙着眼的正義女神石像，手裏拿着天秤，不看人面，只看客觀的斤兩；憐憫則是按我們的需要，「祂知道我們的本體，思念我們不過是塵土」（詩 103：14）。所以，「祂沒有按我們的罪過待我們，也沒有照我們的罪孽報應我們」（詩 103：10）。

既蒙憐憫，便要嘗試理解對立者

「天離地何等的高，祂的慈愛向敬畏祂的人也是何等的大！東離西有多遠，祂叫我們的過犯離我們也有多遠」（詩 103：11-12）。敬畏上主，覺得虧欠上主，認罪悔改的人，才得上主的赦免；同時，心被恩感的人也會敬畏上主，愛上主愛人。那麼，怎能知道我們蒙饒恕呢？就是我們饒恕人。在〈馬太福音〉18 章 28 至 30 節提到被主人饒恕欠 1000 萬銀子的僕人，不肯饒恕欠他 10 兩銀子的人，「揪着他，掐住他的喉嚨……把他下在監裏。主人知道以後大怒，把僕人交給掌刑的，等他還清了所欠的債」。那僕人不肯饒恕欠自己10兩銀子的人，揭示了一個事實——他沒有真正悔改，尋求上主饒恕。他的生命沒有改變，沒有相應的行為顯出他的信心，因為信心沒有行為是死的。正如〈雅各書〉所說：「因為那不憐憫人的，也要受無憐憫的審判；憐憫原是向審判誇勝」（雅2：13）。

教會宣講饒恕訊息的意義

教會常宣講饒恕的訊息，對今天的社會有何意義呢？作為蒙上主憐憫的教會，明白憐憫原是向審判誇勝，憐憫優勝過審判。公義、審判，是按我們應得的衡量；憐憫、饒恕按我們的需要的衡量。政治權力，總是強調應得的部分。就如這幾年最多爭論的普選方案，人大常委的框架是中央應有的權力，所以官員說不能更改。然而，若有政治智慧應想到對手的需要，如中央考慮一下香港人的需要。同樣，易地而處，市民也要理解掌權者的需要，不能一味說：「這是我應得的。」

饒恕是理解，按對方需要理解對方。〈羅馬書〉14 章提到「信心軟弱的，你們要接納，但不要辨論所疑惑的事」（羅 14：1）。經文指的是信徒間如何接納，但這教訓對人性有洞察力。解決問題，除辯論說理外，人際間的信心和信任都很重要。香港和中央之間的信心和信任不夠，單憑辯論是不行，還要建立互信。我們蒙上主饒恕的人，明白到憐憫是按需要，便要推動彼此理解，追求和睦，建立信任。

收起劍弩，憐憫最終會勝出

〈創世記〉中約瑟饒恕兄長，與〈詩篇〉103 篇上主饒恕百姓，兩件事件遙遙相應。以色列人出埃及的目的，是來到西乃山與上主立約，作祂的子民：「你和以色列的長老要去見埃及王，對他們說：『耶和華──希伯來人的神遇見了我們，現在求你容我們往曠野去，走三天的路程，為要祭祀耶和華──我們的神』」（出 3：

18）。

上主運籌帷幄，出埃及事件的遠因，要追溯至多年前的7年大饑荒，雅各及其家族逃至埃及。當時，約瑟貴為宰相，法老王撥出尼羅河三角洲東部肥沃的歌珊地；直至摩西出生時，已住上350年，終在摩西80歲時帶領以色列人出埃及。約瑟被賣到埃及，在護衛長波提乏家中被主母引誘不遂，反遭誣告坐牢，但因着表現良好、行事有智慧而被司獄賞識，把所有囚犯交給約瑟管理。他在獄中為法老王的膳長和酒政解夢，之後膳長出獄復職，在法老王需要有人解夢時便推薦他，以致能為法老王解夢，因而得寵成為宰相。因着夢的提醒，約瑟又在7個豐年儲糧，預備7個荒年來臨。

上主尚且使用埃及帝國，儲糧拯救人民。故此，我們不應妖魔化任何政權，即或那是異教或無神論的政權。只要這政權行公義，憐愛人民，也可以是上主手中的器皿，因為上主是歷史的主。約瑟所處的埃及帝國信奉異教，與雅各所教導他的一神信仰迥異；似乎，和曾祖父亞伯拉罕離開吾珥時所蒙應許的國度，光景極為不同。因着全地 7 年大饑荒，上帝的選民要向異教帝國乞求糧食。當約瑟遇見賣自己的兄長，不是想起報復，乃想起 17 歲時上主給他的異夢，為何只得 10 個人？應該 11 個人才對。於是，他旁敲側擊，查問他的兄長。在人的眼中，約瑟的事業非常成功，但他看重的是上主在自己生命中的計劃。

當然，他看不到 400 多年後要發生的出埃及史詩，原來從自己被兄長敵視謀害、被賣到遠方時就開始譜寫；也看不到曾傲視一切的政權和強大軍隊，一瞬間被紅海沒頂，埃及所有的長子一夜間喪命。約瑟只求做好當前角色，不忘記少年時上主給他的異夢，不斷思考如何落實所領受的託付，毋違從上而來的遠象。他不斷操練圓夢的恩賜，如火挑旺。17 歲時的他沒智慧，對兄長的感受不夠敏銳，但經過磨練，就是在獄中也沒停止運用恩賜，最後被法老王重用。恩賜是上主所賜，異像或遠象也是上主所賜，約瑟沒因世上事業的繁重，而忘記年幼時上主給自己的感動。

約瑟被賣到埃及後，有機會當上宰相，除看到上主冥冥中的主權，也看到人當盡的責任。正當哥哥硬了心要殺他時，流便力排眾議堅持不流弟弟的血，把他扔在坑裏自生自滅便算。流便這提議是，在最小空間裏作出最寬大的可能性，釋放是不可能的，因這是哥哥們定下的框架。但當流便爭取了讓約瑟活下來，猶大就有機會提出「更進取」的建議。看見往埃及的以實瑪利人經過，便把握機會建議賣約瑟到埃及為奴，讓他得以存活。不然，在坑裏缺水缺糧又面對野獸，恐怕凶多吉少。流便的敢言，鼓勵猶大採取進一步行動。我們或者不是作「約瑟」的材料——相貌俊美、能幹機智、辦事能力極強等帝國宰相素質，但也可作流便和猶大，把握機會對不義的事敢言、敢有作為。

饒恕原是向審判誇勝。在今天，我們需學習饒恕，讓上主給我們政治智慧。憐憫最終會勝出，而非劍拔弩張的對立、敵視、暴力和極權勝出。面對此刻天雨欲來風滿城，黑雲壓城城欲摧的香港，我靈要鎮靜。最後，當人盡上責任，敢於指出不義，最終會帶來改變，逆轉死亡為生命。

編按：

文章原為伍渭文牧師於 2014 年 9 月 14 日在香港中文大學崇基學院禮拜堂主日崇拜講道之講章，內容以經課串連，讓讀者從另一角度，宏觀地深入了解「饒恕」如何貫穿《聖經》舊約和新約。文章曾摘錄刊登於「真証傳播」網站。

伍渭文，香港中文大學崇基學院神學院客座副教授，前香港中文大學崇基學院院牧。

讓教會成為「面對面、說故事」的地方

張寶珠

有人的地方就有衝突。不妥善處理嚴重衝突或會引發仇恨。仇恨可以存在於家庭、工作地點、教會和社會；也存在於個人與個人、宗教團體與宗教團體、民族與民族，以及國與國之間。

「原來他是這樣的人！」

近年，香港社會矛盾加劇。為爭取 2017 年落實普選行政長官的「佔領」行動，激發了香港社會內部矛盾。對「佔領」持不同意見成了家人、朋友，甚至教友之間的牆。「佔領」期間，有小部分人經常用強烈方式，表述自己的立場和批評異見者，窒息了其他人表達意見的意欲。他們沉默，因為他們不同意、不完全同意、沒有立場，或不想爭論。相信不少人也說過以下的話：「原來他是這樣的人！雖然認識他多年，現在我卻覺得他很陌生。」

人對事情有不同看法是正常的，因為每個人都有不同的背景和關注點。商人、的士或小巴司機反對「佔領」，因為他們的收入會受影響；年輕人支持「佔領」，因為同情參與佔領的學生；有人支持警隊，因為他們的家人是前線警務人員。倘若不同意見使人的關係疏遠或斷絕，正常的就變成不正常了。

香港社會趨向兩極化，藍絲帶對衡黃絲帶，撐政府對衡反政府，撐警對衡反警。對一國兩制或基本法的不同詮釋、對香港或中央政府不同程度的信任、對社會議題的不同觀點，例如爭取普選、高鐵追加撥款、興建第三條機場跑道、全民退休保障、最高工時等，都挑戰着人與人，羣組與羣組之間的關係。不同立場的組織或陣營經常互相指罵、「踩場」、對抗。無可否認，社會正在撕裂中。

把教會變成安心說故事的社區空間

面對社會撕裂，香港教會可作什麼？教會是基督的身體，有責任在撕裂的地方傳講和體現復和的訊息，因為主耶穌在十架上成就的救恩是復和的救恩，把人與上主和人與人之間隔斷的牆拆毀，提供關係復和的出路，如〈以弗所書〉記載「因為祂自己是我們的和平，使雙方合而為一，拆毀了中間隔絕的牆，而且以自己的身體終止了冤仇」（弗2：14，和合本修訂版）。主耶穌在登山寶訓中也說：「使人和睦的人有福了！因為他們必稱為神的兒子」（太5：9）。

教會如何體現復和？因篇幅所限，這篇文章只提及一個建議，就是讓教會成為講故事的地方。每所教會都有自己的社區，而教會可以向因着社會撕裂，而導致心靈或其他方面受傷的區內人士提供空間，讓他們在和平和不被批評的氣氛下述說自己的痛苦、困擾、恐懼和憤怒的故事。這建議的靈感，來自一個在以色列推動以巴和解的民間組織Parents Circle–Family Forum。為了讓讀者掌握這建議，以下將簡單介紹它如何推動復和。

彼此分享，講故事治療以巴衝突

Parents Circle–Family Forum在 1995 年成立，沒有宗教背景；在 2012 年，成員已有 600 個家庭，包括以色列人和巴勒斯坦人，他們都因以巴衝突失去了所愛的人。組織有定期聚會，很多第一次出席聚會的以色列人從未有與巴勒斯坦人交往的經驗。同樣，很多第一次出席聚會的巴勒斯坦人也不曾與以色列人交往。他們在聚會中可以聆聽別人的經歷，也可以講自己的故事。成員加入組織時答應遵守一些規條，如不可以干擾或試圖終止別人的講述，或批評別人的感受。基於這些承諾，出席者可以在平和的氣氛下述說他們的痛苦。

講述悲慘經歷的人有巴勒斯坦人，也有以色列人。他們失去至親的經過和悲痛都能衝破種族仇恨，感染聽故事的人。無論是哪個種族，他們都有心愛的家人和朋友，能夠明白失去所愛的人之痛苦。成員漸漸發現，以色列人和巴勒斯坦人都是以巴衝突的受害者。以色列人明白，不是所有巴勒斯坦人都是恐怖分子；巴勒斯坦人也領悟，不是所有以色列人都是侵略者。

我在2012年認識這組織。當時組織的領導人有一男一女，男的是以色列人，他15歲的女兒死於巴勒斯坦恐怖分子策動的自殺式炸彈爆炸中；女的是巴勒斯坦人，她的丈夫不小心在交通意外中令一名以色列婦女受傷，當場被6名以色列軍人開槍殺死。他們都是以巴衝突的受害者，二人共同努力推動和解的工作。他們説，等候加入組織的人有很多。想不到面對面講故事或聽故事，竟然有助調解人的積怨。

「佔領」期間，曾以面對面聆聽消除偏見

我在「佔領」期間有兩個難忘的經歷，印證面對面講故事有助

消除偏見。第一個經歷發生在「佔領」範圍外圍的一條街道上。那天約下午2時許，街道很少行人，只見有幾個20至30歲左右的年輕人站在那裏聊天。我與他們打招呼、聊幾句。我問他們：「你們憎恨鎮壓你們的警察嗎？」他們平和的回答：「不憎恨，他們都是執行指令。」他們看來很斯文，說話有條理。離開的時候，我才見到他們身穿印有所屬政黨名稱的T恤。這政黨以往給我的印象不好，若我早知他們屬這政黨，是不會和他們打交道的。這經驗告訴我，我把這幾位年輕人歸為某政治觀點，忘記了他們都是獨特的人，與我一樣是上帝按祂形像所造，是有尊貴和價值的人。我可以不支持這政黨，但不應在日常生活中排斥他們，不與他們談話。

第二個經驗發生在教友的家中。我探望她，因我知道她讀大學的女兒參與「佔領」。她告訴我，女兒每天回家吃過晚飯後便離開，三更半夜才回家。她總是對母親說：「不用等我，我不知什麼時候才回家。」她不告訴母親她去哪裏，免得與母親口角。這位教友是一名清潔工人，很辛苦地把兩名子女養大。小兒子有先天性心臟病，自出世至今已接受了 5 次大手術。她因長期極度憂心而經常失眠，每晚要服用安眠藥才可睡覺。我探望她時，她哭着告訴我她如何擔心女兒，以致每晚失眠，甚至在工作期間暈倒。看到她的眼淚和極度擔憂的心情，才明白我以前並不真正理解她的困苦；也明白以前我跟她說「你的女兒是大學生，有自己的想法，由她吧！」等說話並不足以安慰她。

　　這兩個經驗，說明了面對面的聆聽可助人除去偏見，增加了解，拉近人的距離。面對面是重要的，因人的面貌和感受提醒我們，不要把人簡單減至為某觀點或立場。

在教會講故事，實現和平救贖大計

香港的處境與以色列的處境不同，在推動復和的路上自然會有不同的考慮，但我認為教會絕對可以和應該成為講故事的地方。區內教會可以合作，共同創造復和的空間，讓教會成為講故事的地方。當中，涉及知識、技巧和持守盼望，信徒需要同心和聖靈的幫助。教會在社區推動復和之先，應首先在教會內推動復和。

「佔領」縱已過去，但撕裂仍然存在，香港未來的發展也許帶來新的衝突和撕裂。因此，讓心靈受傷的人透過講故事得到某程度的醫治只是一個開始。教會也可進一步提供和平、友善的空間，讓區內人士在不受干擾、不被標籤情況下，表達他們對香港社會的願景，學習彼此尊重，共同尋求改善社會的方向、方法和共識。

張寶珠，信義宗神學院新約神學助理教授。

廢掉冤仇・尋求和睦

牆角的房子——教會論

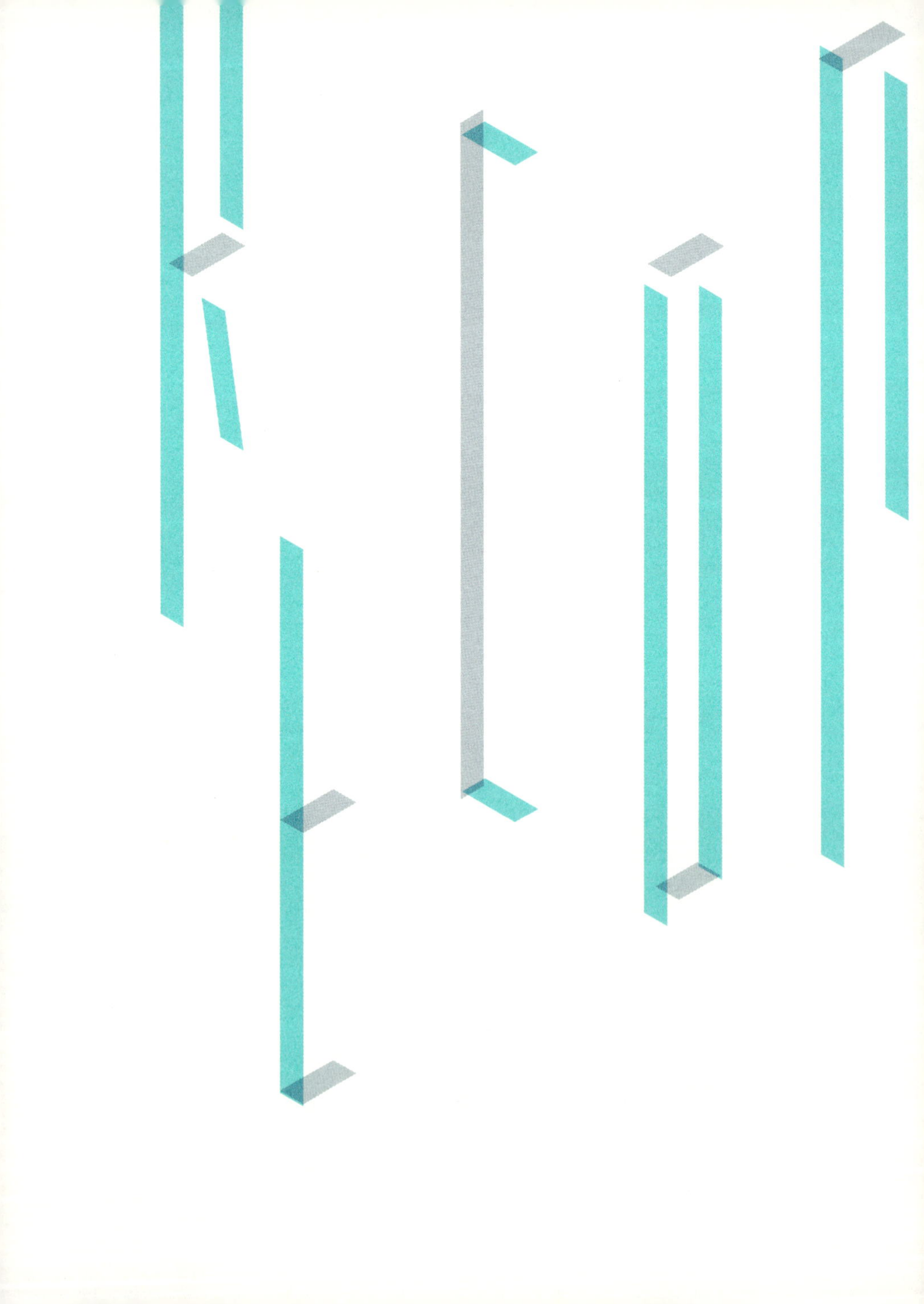

牆上的一縷光

總結：滅冤復和、使命必達？

陳競存

「天國國民教育」系列推出第4冊，這一刻我們的社會正陷於矛盾、撕裂的狀況。作為信徒難免會問，我們(自身和教會)是否可以作點什麼，回應這個處境呢？當我們自視為天國子民的時候，將天國的訊息向這城市分享，好讓其他人能夠在不安、擔憂與疑惑當中，得着一點安慰；甚至是讓從神而來的平安，化解人與人之間的冤仇。看來，這是我們責無旁貸的使命。

教會作為一個傳承使命的羣體，往往都是透過使命/異象，以凝聚和號召成員，而這樣的想法似乎亦符合《聖經》的教導，不容置疑。對於一直強調佈道工作，領人歸主的福音派教會，近年更有一股自我反省的氣氛，對於專注帶領個人歸主，而忽略社會上各種問題的取向提出質疑。更有不少年輕一代的信徒，批評教會不問世事、「離地」、未能回應時代等等。

到底，怎樣才叫做回應時代？

於是，信徒間就開展了「究竟傳福音重要，還是行公義、好憐憫重要（這是被經常用作教會參與社會行動的金句）」的討論。信徒分成兩批人，互數對方的不是。於是，連教會內部也撕裂……

雖然這個時候一定會有人跳出來説，傳福音與社會關懷並不是對立的。然後就在教會開個社關小組，聚眾在橋底派飯，便算是回應社會、與時並進了。可是也許最值得思考的問題，還是大家有沒有好好面對和思考：到底怎樣才叫做回應時代？教會的議程、使命，到底是什麼？

有一種對於傳統福音派教會的批評，認為每個時代的社會，都有它的關注和急切需要面對的問題，如果教會未能提出説法，甚至是解決方案，教會就與時代脫節，被視為無關宏旨。要是這樣，教會也無法向人們傳講福音，因此教會必須要與社會對話，為社會的困局提供出路。更何況我們的上帝不僅是救贖的主，也同時是創造的主，既是如此，基督信仰自然應該足以提出一套對被造世界的看法。那麼人們就會知道，基督教信仰中那位創造主的心意，是何等美好，也能成為一種福音預工！

同時又有另一種說法，認為行公義、好憐憫，在社會當中伸張正義，扶助弱者，也是福音的一部分，甚至它就是福音本身，是天國降臨在地上的展現。這種觀點曾經在華人教會內，引發關於所謂社會福音的批判，認為這類說法令福音的核心變得模糊，最終根本不用傳耶穌釘十字架，不用認罪悔改。

「彌賽亞情結」成信徒羣體時尚

這些爭論所展現的，乃是教會在社會當中的角色問題。而正如前述，由於教會本質上是一個帶着使命的羣體，於是當社會紛亂之時，信徒難免不自覺地期望教會能夠為社會提供出路。於是，一種想要拯救世界的「彌賽亞情結」便應運而生，成為了信徒羣體的時尚。

教會是耶穌所設立，在地上見證祂和天國降臨的羣體，是因着罪而墮落了的世界之唯一拯救和盼望所在。這是信徒都會認同並且相信的。然而，這並不意味着教會能夠和需要為社會的各種問題，提供人們所期望的答案。比方說，在一個缺乏民主的社會，當權者經常漠視民意，人們普遍以為解決問題的出路，就是爭取一個更民主的政治制度。於是便有信徒要求教會表態，甚至採取具體行動，運用教會影響力，一起去爭取民主。但是，到底教會爭取民主有什麼神學理據呢？不民主就不能信耶穌了嗎？專制政體固然有它的問題，難道民主就沒有？對福音信仰而言，在較民主的社會，抑或較專制的社會，人們會較易認識和接受福音信仰呢？

答案，仍是耶穌基督和十架

我要強調，我並非不明白民主的好處。可是我們還是要回到那個基本的問題，教會的議程和使命是什麼？當我們說要回應時代，我們是順着世界的要求，提供它所期望的答案，還是我們清楚知道，我們回應時代的答案，仍然是耶穌基督並祂釘十字架？這樣説出來，好像是老掉大牙的「屬靈八股」。可是如果不是，我們還需要領人歸主嗎？

如此說來，那麼是否又意味着，不管社會所關注的問題是什麼，我們都只需要向人們繼續傳福音，多領人歸主即可？事實上，這也是不少教會最為簡單直接的處理方法。可是如此一來，正正又會讓教會顯得與社會處境脱節，讓人們覺得這個信仰跟現實人生毫無關係！

其實，教會對社會問題和時代處境的回應，微妙的地方正在於此。信徒與未信者活在同一處境當中，教會有需要從信仰角度，按着《聖經》的教導，對處境作出應對，這是神學工作的重要任務之一。

教會沒社會期望的靈丹妙藥

然而教會所提出來的回應，卻不應是世俗的，亦即是以世界的邏輯而作，而應該忠於耶穌基督十字架的道理，並祂對教會羣體所託付的使命。當社會撕裂，信仰/教會能夠怎樣「回應」？書內不止一位作者，都已經就〈以弗所書〉嘗試作出剖析。如果我們相信基督在十字架上，已經把人和神，人和人之間的牆拆掉，而這個亦是我們所相信和傳揚的，與人和好的福音。那麼，是不是教會就有能力和方法，可以走進社區，帶來復和呢？答案應該是肯定的。只是，這卻未必是一般人所期望的，即作為一種方法或者靈丹妙藥，讓對立雙方的矛盾消弭，更甭說是可以在短時間之內解決問題，帶來成果。

教會應該經常被提醒，復和並不是人所能及之功，而是基督耶穌在十字架上成就的。唯有人和神的關係得以復和，人和人之間才有真正和好的可能。排除了悔罪和救恩，教會固然可以繼續向未信的人宣講復和的訊息，甚至讓人與人之間透過知性的認受，帶來某種復和，但這卻不會成為教會主要的使命，更不應該因此而誤以為，教會應該致力促成這種工作。教會不變的使命，是見證耶穌基督那與人和好的訊息。

第一步，是建立信徒羣體合一見證

近年，信徒羣體常常掛在口邊的一句話：「生命影響生命」，意味着信徒羣體是透過生命見證，讓人得以認識福音信仰，並且帶來生命的改變。故此，無論教會所身處和面對的處境問題為何，信徒對處境的最基本回應，都應該是反躬自省：到底今天我們信徒羣體，在有關問題上的見證如何？若沒有生命見證承托的宣講，只能夠是一堆陳義過高的廢話。當社會撕裂，人們因為不同政見，鬧至反目成仇，水火不容，信徒羣體又是如何看待內部的異見者？不同看法、意見、階級、政治取態的信徒，是否仍然能夠一起同心敬拜，謙卑地彼此相交、互相包容和接納？這樣的羣體合一生命見證，正正就是為撕裂、絕望的世界帶來盼望的回應。如果合一的教導並未能在羣體當中，以生命見證出來，我們還能夠奢談什麼為撕裂的社會帶來復和訊息呢？

天國子民的地上使命，並不是要努力改變世界。因為那既是耶穌基督在十字架上，藉着死和復活所作之工，而且已經成就了。今天我們所身處的世界，是處於一個既濟未然的境況。基督已經得勝了死亡的權勢，但又未到終末完全更新萬有的那刻。而這得勝，並不會因為我們做或者不做任何事情，而有所改變。按照《聖經》的啟示，世界在主耶穌再來之前，只會愈來愈敗壞，這狀況亦不容我們扭轉。因此我們應當彼此提醒，要擺脱「一定要做點什麼來讓世界變得好些」這種「彌賽亞情結」。我們的使命是要透過羣體生命，活出天國的價值和盼望；在這黑暗的世界裏，作為一個記號，讓人看得見盼望之所在，藉以見證基督給予世界的救贖。

陳競存，少年時代流連街頭，學人跟大佬做「嘅」，過着邊緣生活，後來由於怕死和覺得無聊，迷途知返，先後於台灣和澳洲進修，回港後於突破機構落腳，搞研究及發展工作。曾進出於中國神學研究院，近日又出入於香港浸信會神學院，確保自己能繼續當「神學生」。深信個人與文化均需要被救贖，故努力推動啟導文化更新，激發青年人反省及探索生命的工作。著有《不要弄污大佬的西裝》。